ヨーロッパ精神史入門

ヨーロッパ精神史入門

カロリング・ルネサンスの残光

坂部恵

岩波書店

目次

ヨーロッパ精神史入門

——カロリング・ルネサンスの残光——

第一講　時代の危機と歴史観の転換
——クルティウスとホフマンスタール

これら〔中世とまたとりわけカルデロンの影響を受けたホフマンスタールの一連の「形而上劇」〕を生む原動力となったのは、大戦によって混乱したヨーロッパの精神的伝統を詩作品のうちに回復せずにはやまない、精神の欲求であった。構想はこの伝統のなかで彼が近親感を覚える素材との接触によって成立した。これを可能ならしめたのは、ひとたび形式に結晶した精神的内実はすべて次のあたらしい形成行為の素材になりうる、という認識であった。「ある一つの時代の精神的所産だけでは本来なにもなされたことにはならない。〔それらの所産について〕まず何かの仕事がなされねばならない。」より高次のものは常に統合によって生まれる。

（クルティウス『ヨーロッパ文学とラテン中世』）

カルデロンは君主政治とカトリック信仰の建物がいまだ堅固であった時代、いや磐石と見えた時代にあって、思うがままに振舞うことができた。国家と国民の衰微の兆しは、王朝と教会の華麗な外面におおい隠されていた。ホフマンスタールの置かれた歴史的状況はまさに逆である。彼が生まれてきたのは、物質主義と相対主義によって解体した世界であった。成人して彼はこの解体が破局にまでいたるのを経験しなければならなかった。彼の課題――ほとんど超人的な課題は、「事物の枯死しない根」まで降りること、伝統の、いまや土砂にうずまった財宝から治癒力をかち取ること、そして最後に、再建された世界の目に見えるもろもろの形を建てなおすことであった。

（同）

二つのテクストを今日の講義の導きの糸として掲げました。といっても、この二つは、実際はひとつづきのもので、いずれも、クルティウスの畢生の大作『ヨーロッパ文学とラテン中世』（一九四八）の本論中から、中間の一〇行あまりを省略して抜粋したものです。

第一のテクストは、第一次大戦を間にはさんで、一貫してすすめられたホフマンスタールの寓意的要素の強い（反近代的な）劇作の数々が、「伝統のなかで彼が近親感を覚える素材」である中世の劇や、一五世紀イギリスの家庭劇や、あるいはとりわけ一七世紀スペインのカルデロンの諸作との接触を機縁とし、そこに想を得て、現代の時代感覚との統合による「より高次のもの」の創出をこころざした作品にほかならないゆえんを述べます。

第二のテクストは、これを承けて、制度的にも思想的にもまだ安定した基盤に立っていた一七世紀スペインのカルデロンにくらべて、ホフマンスタールの置かれた条件がいかに苛酷であったか、いいかえれば、「物質主義と相対主義」によって解体された世界に生まれて、(精神的伝統の回復を求め)「事物の枯死しない根」に降りようとつとめることが、いかに途方もなく困難なことかを述べます。

第一次大戦を間にはさんだ時期のヨーロッパ精神のきわめて厳しい状況にそそがれるクルティウスの眼は、当然、第二次大戦中とその直後の、おそらくはより一層混迷の度を深めた世界を通して、二重写しの形で時代の危機を見つめているでしょう。

『ヨーロッパ文学とラテン中世』のもとになる諸論文は、第二次大戦中に絶えることなく書き継がれ、専門家以外にはあまり目につかぬロマンス学関係の雑誌等に発表されたものです。ナチス政権下にあって、アルザス出身のロマニストとして生来ラテン的なものに親近感をもつクルティウスが、ヨーロッパ文化のルーツを「ラテン中世」にまで降りてさぐるについては、時代に決然として背を向けた抵抗の姿勢が背後にあってのことと見てよいでしょう。

こうした時代背景もあって、ホフマンスタールを語るクルティウスの行文には、ヨーロッパ文化の存立への深い危機感が緊迫した感情として流れており、そのことがまた、一九世紀このかた、あるいはより長くいえば近代このかたの定型化したヨーロッパ文化観・文化史観とはすこしくちがった歴史の局面におのずから目を向けさせることにもなっているのです。

ホフマンスタールは、みずからハプスブルク朝の伝統——一七世紀におけるその焦点はマドリードとウィーンであったが——の相続者であることを感じた。最盛期のスペインの文学はフランスとイタリアの古典文学からは孤立していた。その源泉は、芸術的にも世界観的にも、中世とのつながりが一度も断絶したことのない伝統がもつ無尽蔵の宝であった。

クルティウスは、さきの引用につづけてこのようにいいます。

一七世紀になお中世的なものを色濃く残し、しかもそれを文化的活力の主源泉としていたスペイン。それを、(たんなる近代の発展にとり残された後進地帯としてすませるのでなく)、積極的に評価し位置づけようとするならば、おのずから、これまでとはちがった歴史観あるいは時代区分の採用が必要とされるゆえんです。

この復帰〔古き〔規範・「神話」としての〕ヨーロッパへの復帰〕は——ホフマンスタールが到来するのを見た——巨大な歴史的過程の内部における一つの象徴的現象にほかならなかった。その歴史的過程とは「あの一六世紀の精神的変革——通常、われわれはその二つの相からルネサンスと宗教改革と呼ぶ精神的変革にたいする、内的な反動」である。

これは、引用の章の結びにあたる部分です。ホフマンスタールが到来するのを見た「巨大な歴史的過程」は、「ルネサンスと宗教改革と呼ぶ精神的変革にたいする、内的な反動」といわれています。

通常、教科書的に、「ルネサンスと宗教改革」にはじまるとされる、「近代」を根底から相対化する「内的な反動」ということでしょう。

さきに出た、「事物の枯死しない根」への遡行は、いうまでもなく、こうした「近代」の相対化動向と並行しその原動力ともなるものでしょう。（念のためにいえば、「近代」を相対化することは、「近代」を全否定して内的・外的な狂信的反動に走ることとはまったく別のことです。）

こうした「巨大な歴史的過程」への見通しのもとに、クルティウスは、ヨーロッパ文化史観の転換をはかります。

一言でいって、それは、古代―中世―近代という近代以来ひさしく定型化した三分法を変更して、基本的に古代地中海世界と（内陸を中心とした）ヨーロッパ世界の二分法を取ることとして具体化されます。中世―近代という従来の区分を認めないというのではありませんが（ちなみにクルティウスはその切れ目を一五一七年に置いています）、両者の間の断絶よりは連続性の側面をより重く見ようとする視点を取るのです。

こうして、ヨーロッパ世界のはじまりは九世紀のカロリング朝に置かれることになります。こうした見方を取るに際して、クルティウスは、先行の幾人かの歴史家たちの同工の考え方に依拠しています。トレルチ、ウェーバー、トインビー、ピレンヌといったひとびとです。トレルチは、中世、近代文化とも古代文化との「共生」に支えられていることを強調しました。ウェーバーは、古代都市と中世都市のちがい、総じて古代と中世の社会・経済システムのちがいを説き、中世と近代の連続性の側面を重んじました。トインビーは、カール大帝ヨーロッパ世界起源説を主張した代表者のひとりです。ピレンヌは、第一次大戦の収容所体験でヨーロッパ世界の文化的統一を確信、ルーツを求めて『マホメットとシャルル・マーニュ』(独訳、邦訳名『ヨーロッパ世界の誕生』)を書きます。イスラム、アラブ勢力の侵攻により、ヨーロッパの文化の中心は、それまで地中海世界の辺境の地であった内陸ヨーロッパに移りますが、カール大帝の時代は、まさにこの転換を画する時期にほかならないとするのです。

ホフマンスタールやクルティウスにおいて、「事物の枯死しない根」への遡行と、こうした歴史観の転換とが、深いところで連動していました。それは、また、自己の同一性の基底さえをもゆるがせかねない、端的な感受性のありかたの危機とも深いところで結びついていたのです。

ものの輪郭がはっきりしなくなる、言語表現の危機的様相について、ホフマンスタールの記念碑的作品『チャンドス卿の手紙』は的確に語っています。

つぎに引くのは、ごく日常的な生活での何気ない感受性の動きについて、述べたくだりです。

わたしの眼差しは、みにくい仔犬や、植木鉢のあいだをしなやかに通り抜ける猫にじっととどまり、百姓暮しのごつごつした粗末な品々のうちに、あるひとつのものを求めます。それは、目立たぬかたちをして、だれの眼をひくこともなく横たえられ、あるいは立てかけてあり、なにひとつ語ることなく存在しているのですが、しかもそのように存在していることによって、あの謎めいた、言葉にならない無限の恍惚感をよびおこしうるなにかです。というのも、名づけようのない最上の幸福感を、わたしは、星空を見るよりむしろ、はるかにひとつ燃える牧人の焚火にとつぜん感じ、荘厳なパイプオルガンの響きよりむしろ、秋風が早くも冬めいた雲を荒野のうえに吹き寄せるとき、死をまぢかにひかえた最後の蟋蟀《こおろぎ》の声にとつぜん感じるからです。


ごくありふれた日常の光景のなかの存在でありながら、「あの謎めいた、言葉にならない無限の恍惚感をよびおこしうるなにか」。

こうした感受性の動き(お望みならば存在体験といってもよい)のうちに、「事物の枯死しない根」への遡行や、歴史観の転換への芽がかくされていることは、今後の考察のために幾重にも銘記しておいてよいことでしょう。

第二講　神の闇

暗い暗い暗い。みんな暗闇に吸い込まれて行く、
……
私は自分の魂にいった。おとなしくして、闇が君にやってくるに任せなさい。
いずれ神の闇になるのだから。

（T・S・エリオット『四つの四重奏』）

T・S・エリオット（一八八八―一九六五）。アメリカ生まれ、のちにイギリスに帰化した今世紀最大の詩人のひとり。生まれはハイデッガー、ヴィトゲンシュタインの前年。はじめ哲学をこころざし、この時期に著したイギリス一九世紀の哲学者ブラッドリ（分析哲学者たちに曖昧・朦朧体の典型として標的にされて、一時は見る影もなかった）に関する研究（一九一六、出版は一九六四）は、いまもってこの哲学者に関するスタンダード文献に数えられます（邦訳あり）。詩に転じてのちの作品としては、第一次大戦後の『荒地』が、時代の危機意識の鋭い表現とし

て有名。引用の『四つの四重奏』は、回心の作『灰の水曜日』を間に挿んだ両大戦間から第二次大戦にかけての円熟期の作品。引用は、第二曲「イースト・コウカー」からです。
引用冒頭第一行以下、省略した部分を数行起こしてみると、つぎのとおりです。

暗い暗い暗い。みんな暗闇に吸い込まれて行く、
星と星の間の空漠とした空間へ、空から空へ。
持ち場のチームを率いるひとも、市中銀行家も、高名な文人も、
鷹揚な芸術のパトロンも、政治家も、支配者も、
エリート官僚も、委員会の議長たちも、
産業界の大物も、小粒な契約者も、みんな暗闇に吸い込まれて行く。

闇のなかを走る地下鉄という、大都会のごくありふれた光景をエリオットがうたっていることがおわかりでしょう。
しかし、何気ない日常の光景のなかに、日常的なものをはるかに超えたものの目くばせを感受するところに詩人の資質がある。有名な評論「形而上詩人」のなかで、エリオットはいいます。

ダン〔一七世紀の形而上詩人〕にとって、何かを考えることは経験であり、それは、また、センシビリティを変化させる機縁となった。詩人の心が仕事に向けてぬかりなく整えられているときには、つねに、散り散りの経験をまとめ合わせつづけるものである。凡人の経験は混沌として、不規則で、断片的である。彼は、恋に落ち、スピノザを読む。しかし、これら二つの経験は、たがいに何の関係もなく、あるいは、タイプライターの騒音とも、調理の匂いとも何の関係もない。詩人の心においては、反対に、これらの諸経験は、つねに新しい全体を形成しつづけるのである。

何気ない日常の品々(農民の靴でもよいのです)の存在のうちに、「謎めいた、言葉にならない無限の恍惚感をよびおこしうるなにか」を感じ取るホフマンスタールと、根本においておなじ資質がここに示されていることがあきらかでしょう。

さて、冒頭の引用の最後の二行に先立つ部分をあわせて起こしてみると、つぎのとおりです。

………

感覚は冷え、行為の動機は今や影もない。
われわれは皆、この物言わぬ葬式に加わる。
だれの葬式でもない、だれも埋葬されはしないのだから。

私は自分の魂にいった。おとなしくして、闇が君にやってくるに任せなさい。

いずれ神の闇になるのだから。


地下鉄の闇は、「神の闇」と二重写しで感じ取られます。

一六世紀スペインの神秘思想家、十字架のヨハネの精神世界が、こうして、ひと息のうちに現代の大都会の地下鉄の闇のうちへと呼び寄せられるのです。

「イースト・コウカー」のこのくだりの前後で、エリオットは、十字架のヨハネの神との合一にいたる魂の階梯についてのテクストを下敷きにし、あるいはそのまま数行引用したりしています。


十字架のヨハネ、あるいは十字架の聖ヨハネ(一五四二—九一)。一六世紀スペインのカルメル会所属の修道士。これも神秘家として有名なアヴィラのテレサと協力して修道会の立て直しに尽力する。彼の著書『カルメル山登攀』は、いましがた述べたように、有名な『暗夜』とならんで、神との神秘的合一にいたる魂の階梯を述べたもの。遠くは五世紀の「偽ディオニュシオス・アレオパギテース文書」から、ボナヴェントゥラの『魂の神への道程』、ダンテの『神曲』にいたるまで、中近東から西欧にかけての文学の一ジャンルの定型にしたがうものです。(東洋にも、たとえば空海の『十住心論』など、似た定型があることはご存じの方もあるでしょう。)

「神の闇」は、十字架のヨハネにあっては、「感覚の夜」から「精神の夜」までを含み、神にいたる魂の階梯のうち大きくかつ枢要な部分を占めるものです。

エリオットは、現代の魂の荒地のなかから、一六世紀のスペインに生きる手がかりを求めます。近世にあってなおここだけは中世の時間が生きていたといわれる、スペインの不思議な魅力を秘めた心性のなかに。

ここに、ホフマンスタールが、「事物の枯死しない根」への遡行を求めて、一七世紀スペインの精神世界におもむいたのとおなじ動向を、容易に見て取ることができるでしょう。

エリオットは、ホフマンスタールを評して、「第一次大戦前後を通じて、高い評価と影響力をもったドイツ語圏作家のひとりで、「古典的」と称するに足りる」といっています。二人はおなじ時代批判、おなじ歴史観の転換の流れに属していたといってよいとおもいます。（一九世紀ロマン派の詩人たちをさしおいて、ジョン・ダンやハーバート・オヴ・チャーベリーら一七世紀の「形而上詩人」を高く評価するエリオットの鑑識眼は、ホフマンスタールの中世や近世スペイン、イギリスの「形而上学劇」復権のこころみとならんで、まさに時代のセンシビリティそのものを変革する体のものでした。）

十字架のヨハネは、エリオットに先立って一九世紀象徴主義の詩人たちに影響を与えましたし、また哲学でいえば、W・ジェイムズが『宗教的経験の諸相』の神秘主義をあつかった第一六・一七講のなかで、アヴィラのテレサやイグナティウス・ロヨラとならんで十字架のヨハネを取り上げますが、そこで、この時代のスペインの神秘家の特徴についてつぎのように述べています。

神秘的意識のために「別世界に生きているという意識」が助長されて、生まれつき受動的な性格で知性の弱い神秘家たちは、実際生活からの過剰脱俗に、格別に陥りやすい。しかし、生まれつき精神と性格の強い人々の場合には、それとは正反対の果実が見いだされる。恍惚状態の習慣をしばしば極度にまで推し進めたスペインの偉大な神秘家たちは、その大部分の者が、明らかに不屈の精神とエネルギーを示したが、それはかえって彼らが恍惚の状態に耽ったればこそのことであった。

ジェイムズと生涯の友であったベルクソンが、晩年の著書『道徳と宗教の二源泉』を著すにあたって、スペインの神秘家、とりわけアヴィラのテレサになみなみならぬ関心を寄せ、老齢で健康を損ねていたにもかかわらずあらたにスペイン語を学びはじめたというエピソードはよく知られているところです。

クルティウスは、『ヨーロッパ文学とラテン中世』の第一章「ヨーロッパ文学」で、ドイツの哲学者たちが総じてフィクションやファンタジーを軽く見て哲学的思索のなかに本気で取り入れないなかにあって、「創話機能」(fonction fabulatrice)が知性的存在としての人間に不可欠の機能であると喝破したベルクソンを高く評価します。

われわれの考察にとって、ベルクソンによる「創話機能」の発見は、基本的に重要なものである。というのは、しばしば論じられた詩と宗教の関係が、それによってはじめて納得の行くものとして解明され、包括的かつ学問的な世界把握のうちに位置付けられるからである。

クルティウスが、「ラテン中世」の(広い意味での)文学を「発見」したのは、このような歴史的コンテクストにおいてでした。

ホフマンスタールが、カルデロンをはじめとするスペイン・バロックを発見し、エリオットが形而上詩人を発見し、ジェイムズやベルクソンがヨハネやテレサを発見した、これら一連の発見と連なる動きのなかで、クルティウスは、「ラテン中世」を掘り起こし、あらたな歴史的枠組みのなかに位置づけたのです。

第三講　ラテン世界の称揚

カール大帝は近代世界の、かくれもない最初の代表者である。しかし彼の仕事は、六五〇年ごろのフランク王権の崩壊とともに始まる発展の頂点にすぎない。アウストラシア王国の宮宰ピピン(中)は、六八七年のテルトリの戦いによって全王国における実権を握った。ピピン家もしくはカロリング家の台頭はこれによって決定された。「近代」世界の始まりは六七五年ごろに設定されるべきである。

（クルティウス『ヨーロッパ文学とラテン中世』）

カール大帝によって、「ラテン中世」と私が呼ぶところの歴史的構成体がはじめて完全に組み上げられた。この概念は歴史学の文献に一般に使われているわけではない。とはいえ、われわれの目的にとっては、欠かすわけにはいかない。私がこの概念で表示するものは、全中世の形成にたいしてローマがなした寄与——その国家理念、教会、文化であり、したがって、ラテン語とラテン文学の存続という以上にはるかに広汎な現象である。

（同）

カール大帝に関するクルティウスの文章を二つ抜き出してみました。いずれもクルティウスの歴史観の独自性をはっきりと示すものです。一番目の文章は、見られるとおり、ピピンによるカロリング朝から「近代」世界がはじまったこと、しかしメロヴィング朝のフランク王権の崩壊からピピン支配下での準備期間を経てその動向を仕上げ、真に「近代」世界の最初の代表者といえる位置についたのはカール大帝にほかならぬことをいうものです。

ここに、クルティウスが、古代—中世—近代という通常の三分法に代えて、古代（地中海世界）—近代（内陸中心の「ヨーロッパ世界」）という二分法を取っていること、しかもその「近代」の見えやすいはじまりがカール大帝の時代にあることをはっきりと示していることはいうまでもないでしょう。

この二分法の着想は、すでに見たように、クルティウスが、トレルチ、ウェーバー、トインビー、ピレンヌらの歴史家の仕事から受け継いだものでした。

右の引用の箇所の前後では、クルティウスは、主としてトレルチによりながら、「古代」と「近代」、いいかえれば「ヨーロッパ世界」と「古代世界」とは、一方で「深く分断されて」いながら、他方ではまた「明確な歴史的記憶と連続性」を保ちつつ、「合生」（verwachsen）している。すなわち、連続性ないし統一的な生命のつながりが、深い断絶に架橋している、というように二つの時代ないし世界の関係を説明しています。

「密接不離な共生」と「連続性」のこのプロセスの経過のうちに、はたして「ルネサンス」を認めうるかどうかは、歴史叙述の目的とかかわることであり、個々のケースに即して吟味されるべきことだろう。重要なのは、しかし、古代文化の実質はけっして没落しなかったということを洞察することなのだ。四二五年から七七五年の間におこなわれた(古代文化の)解体は、フランク王国だけにかかわるもので、やがてふたたび修復された。およそ以上のように論じた後、クルティウスは、つぎのように述べます。

新しい解体は、一九世紀にはじまり、二〇世紀にはカタストロフィーの形をとった。この成り行きが何を意味するか、今ここで立ち入って論ずることはしない。

立ち入って論じてはいませんが、時代の危機をクルティウスがどのような歴史的文脈のうちに位置づけて理解しているか、また逆にいって、「古代(地中海)世界」と「近代(ヨーロッパ)世界」の二分法のヴィジョンが、どのような時代状況の見立てのなかから発想されているか、およそのところは十分にあきらかでしょう。

さて、冒頭第二の引用の文章ですが、ここでは、見られるとおり、カール大帝が、クルティウスのいう意味での「ラテン中世」という歴史的形象をはじめて十全な形で構成したことが述べられます。

この主張を第一の引用でのそれと重ねてみると、クルティウスが、「(ラテン)中世」を、(通常の理解におけるように「近代」に先立つ時代としてではなく)、むしろ彼のいう意味での「近代」ヨーロッパ世界の一部に含まれ、その初頭の時期をなすものとして理解していることがあきらかです。

ご覧のとおり、いわんとするところは明快ですが、用語法が従来の用法と錯綜していくらか首尾一貫性を欠くので、以下この講義では、従来の中世と近代を含めたこの時代ないし世界(とその哲学)を、可能な場合にはなるべく「ヨーロッパ世界」(の哲学)と呼ぶことにしましょう。

さて、「ラテン中世」というクルティウスの概念ですが、彼は、それによって、「全中世の形成にたいしてローマがなした寄与——その国家理念、教会、文化であり、したがって、ラテン語とラテン文学の存続という以上にはるかに広汎な現象」を理解する、といいます。「ラテン中世」がラテン語やラテン文学ないしラテン語文献よりもずっと広い、ローマ的な文化形成体全般を指す概念であることが、これによってあきらかです。

この「ラテン中世」が、カール大帝の頃にはじまるといういうさきにいわれていたことについては、のちに見ることにして、ここでは、クルティウスによるこの「ラテン中世」の発見と称揚ということのもつ一般的意味についてすこし触れておきましょう。

まず、この『ヨーロッパ文学とラテン中世』という著作が書かれた時代状況を思い出してください。この書物の出版は第二次大戦後間もなくの一九四八年でしたが、その内容をなす論文が書き継がれ発表されたのは、一九三〇年代から第二次大戦のさなかにかけてでした。ナチス・ドイツの時代。ヒットラーがゲルマンの民族の使命について語り、ラテン文字にかえてドイツ伝来の亀の子文字の使用を奨励した時代です。

この時代状況のなかで、あえて「ラテン中世」を語り、ローマ的な文化形成体を称揚することのもつ意味については、すでに以前の講義で述べました。

それは、時代状況に対するひとつの抵抗の形であり、生きるあかしであり、また、ジイドやエリオットをはじめとする連合国側の文学者と親交のあったクルティウスの連帯の確認と平常心の確保のいとなみであったはずです。

こうした切迫した時代状況をはなれて、もうすこし長い射程で見ても、クルティウスの「ラテン中世」やローマ的な文化形成体への関心は、時代批判の意味を多分に帯びていることがわかります。

大体、ドイツにあってロマニストであること、ラテン文献、ロマンス諸語文献、ローマ文化などの研究者であることは、なにもナチスの時代をまたずとも、それだけで、かなり微妙な位置にみずからを置くことを意味していたはずです。

というのは、元来北方プロイセンを中心に、ドイツでは、カントとドイツ観念論のドイツ哲学隆盛の時代を、古典古代ギリシャの文化の直接の後継者と見なして、その分だけ中間にくるローマ、あるいはラテンの文化世界をできるだけ軽く見るという「定見」がかなり早くから確立していたからです。

確立したのは、「ドイツ学校哲学」でラテン語の哲学語彙がドイツ語に移されおえて、ラテン世界への負債が忘れられ、そこへ、ヴィンケルマンがギリシャ・ブームを起こし、ラインホルトがカントを最後の総合の精華とするドイツでの哲学史叙述の以後長きにおよぶ定型を完成し、といった一連の出来事があいついだ、一八世紀末から一九世紀はじめにかけてと見てよいでしょう。

明治の早い時期からドイツ哲学を主として移入したわが国では、当然この「定見」は、文化的植民地にありがちのように、本国以上に浸透し、いまもって、大学教養課程向きの哲学・哲学史教本のかなりの部分に浸透しています。

「ローマ人は土木技術にはすぐれていたが、文化面ではギリシャの亜流に甘んじ」などという、ずいぶんと野蛮な歴史観も、中等教育あたりでは多少痕跡を残しているのではないでしょうか。

新カント学派中の西南ドイツ学派の代表者ヴィンデルバントは、『プレルーディエン』におさめられた、一八八一年の『純粋理性批判』百年祭の講演で、つぎのように述べています。

彼〔カント〕は全然新しい世界を開いて、すべてのものはまったく新しい光のもとに見られるのだった。ジャン・パウルがいったように、突如としてすべてを輝かす太陽系ともいうべきであった。そこでわれわれはこう主張することができるだろう。すなわち、取るに足りないつけたりの些事は措いて問わねばならない、古今にわたってただ二つの哲学組織があるといわれよう。つまり、ギリシャの哲学組織と、ドイツの哲学、いいかえればソクラテスとカントがすなわちそれである。

……

カント以前の哲学がすべておなじ共通性をもつのは、ギリシャの学問に存する共通の根源に由来している。プラトンの哲学、アリストテレスの哲学、またストア派の学説などのおおくの哲学組織は、ローマ帝国に入って来たが、さらに中世の全文化世界を越えて認識を規定する力として働いてきた。しかるにそこよりしてゲルマン民族の思索を支配し、その支配権をも確立するため、ただ一つの道にとどまらず多くの他の道をとるのであった。

クルティウスの学問的営為が、ドイツ文化の伝統の一面のもつ根強い歪曲とショーヴィニズムを正そうとする断固としたプロテストの意味をもっていたことがおわかりでしょう。彼が高名なわりに読まれることが比較的すくないように見えるのも、あるいは、以上のような歴史的背景がなせるわざなのかもしれません。

第四講　W・ジェイムズのエリウゲナ

神はその卓越性のゆえに、いみじくも「無」(nihil)と呼ばれる。

(ヨハネス・エリウゲナ『ペリフュセオン』)

思考においても、存在においても、非限定なもの(the indefinite)は完全な限定性(perfect definiteness)という原初の状態からの退化(degeneration)に由来するというオッカム主義的な偏見……

(C・S・パース「形而上学ノート」)

最初の引用は、カロリング朝ルネサンスを代表するアイルランド出身の哲学者ヨハネス・エリウゲナ(九世紀)からのもの。W・ジェイムズが『宗教的経験の諸相』で、西洋の神秘主義の代表的表現のひとつとして引いている一句です。

二番目の引用は、見られるとおり、パース(一八三九―一九一四)が中世末期のウィリアム・

オッカム(一二八五?―一三四七/九)のノミナリズム(唯名論)の哲学を批判的に位置づけたくだり。「スコラ的実在論」を積極的に評価・復権しようとする、一九世紀末から二〇世紀のはじめにかけてという時代に置いてみると、反時代的といってもよい評価です。

パースは、いうまでもなく、「プラグマティズム」の着想においてジェイムズの先輩の位置に立つアメリカの哲学者。のちに学説上では確執がありますが、盟友として相互の尊敬が失われることはなく、『宗教的経験の諸相』が公にされたときには、パースが絶賛するというようなこともありました。

九世紀と一四世紀の哲学・思想を対象としたパース、ジェイムズ二人の文章は、こうして、一九世紀末のニュー・イングランドのヨーロッパへの過剰なまでの思い入れのなかから、中世という時代のはじめと終わりの思考のありかたを鮮明に照らし出します。

神は、まさにその卓越性のゆえに、無限であり、何々として限定ないし規定することができず、その意味で「無」と呼ばれるにもっともふさわしい。この世の被造物もまた、神に造られたものとして、この性格を分かちもつ。すなわち、それらは、汲み尽くすことができず、無限(infinite)、(あるいはこの場合は)無限定(indefinite)な性格規定をもつ。

エリウゲナは、このように考えます。

一方、一四世紀のオッカムになると、こうした無限あるいは無限定の底知れぬものに対する感覚は失われ、むしろ、完全に限定された個的なものが思考の最初の与件と考えられるようになる。

　こうした二つの考え方のコントラストの間のさまざまなグラデーションとして、（おもい切って事柄を単純化していえば）、九世紀から一四世紀にいたる時期の哲学は展開されます。（オッカムの考えは、のちに経験論をはじめとする近世の哲学へと展開していきます。）

　九世紀にはじまる「ヨーロッパ世界の哲学」の展開のなかでの最初の大きな切れ目を一四世紀に置くことは、以上に述べたような事情からして容易に理解していただけるでしょう。従来の区分では、中世末期とされる時代です。ちなみにいえば、おいおい見ていくように、この切れ目は、ここで取るような視点からすれば、これも従来の区分で近世のはじめとされるルネサンスと宗教改革などよりも、より本質的で深い切れ目ということになります。

　九世紀のカロリング朝ルネサンスに話をもどしましょう。

　カール大帝あるいはシャルル・マーニュは、文化的に荒廃し立ち後れた内陸ヨーロッパ、フランク王国の地に、学芸の花を咲かせるべく、さまざまな方策を立て、実行に移しました。領土内の各地に修道院付属の学校を建て、お膝元のアーヘンの宮廷にも付属学校を開き、古典の文献を収集し、当時文化の先進地帯であったイタリア、イギリス、スペインなどヨーロッパの各地からすぐれた教師を招くなどが、その主なものでした。

　こうして創られた各地の学校の主なものに、フルダ、トゥール、フェリエール等のそれがあり、招かれた教師のなかに、イギリスからのアルクィヌス、イタリアからのディアコヌス等がありました。

アルクィヌスは、神学、哲学の思索を整えるとともに、とりわけ、自由学芸(リベラル・アーツ)の教育体系の整備に力を入れました。

自由学芸は、遠く古典ギリシャやヘレニズム期に起源をもつものですが、とりわけローマ帝政期のクィンティリアヌスらによって基盤を置かれた基礎教育の体系で、一般に、文法学、修辞学、弁証法(論理学)からなる「三学」(trivium)、算術、幾何、天文、音楽からなる「四科」(quadrivium)をあわせた「自由七科」として知られているものです。

アルクィヌスは、この自由学芸の伝統を復興するとともに、その精神ないし哲学的基盤をあきらかにすることにつとめました。

古典学芸の「ルネサンス」、あるいはトレルチのいう古代世界と近代ヨーロッパ世界の「合生」が、ここにはじめられたのです。

各地の修道院付属学校は、典型的構造として、塀の中側に哲学と神学を教える専門教育の部門を、そして塀の外側に自由学芸を教える一般教育の部門をもっていました。

自由学芸学部と神学部からなるのちの中世ヨーロッパの大学のプロトタイプが、ここに定められたのです。

こうした教育制度上の整備と並行して、あるいはむしろそうした制度の思想的基礎を整えるいとなみとして、学問の階層秩序の整備も積極的にすすめられました。

神学―哲学―自由学芸という以後一貫して中世スコラ哲学の指標となる階層秩序は、早くもアルクィヌスの思索において明確にその姿をあらわしています。すこし時代は下って、カロリング朝ルネサンスの第二世代(第二次ルネサンス)ということになりますが、さきに見たこの時期の代表的哲学者であるヨハネス・エリウゲナも、神学―哲学―自由学芸というこの階層秩序を、みずからの哲学的思索と関連させながら、はっきりと認めています。

さて、カロリング朝ルネサンスについてはひとまずこのくらいにして、さきに見た「ヨーロッパ世界の哲学」の展開の最初の大きな切れ目である一四世紀にふたたび話をもどします。神学―哲学―自由学芸といういましがた述べた階層秩序に関係させていえば、一四世紀の大きな切れ目は、哲学と神学の間にある種の亀裂が入ることとして捉えることができます。ノミナリズムの立場からすれば、神学の問題は哲学の考えおよぶところではなく、もっぱら神の側からの啓示をまってあきらかになることと見なされ、哲学は相対的自立を獲得することになるからです。

ここで、この講義のより先の進行を多少先取りして、一四世紀よりも先の「ヨーロッパ世界の哲学」の大きな切れ目について大枠だけを見ておくことにすれば、つぎの切れ目をわたくしはおよそ一七七〇年から一八二〇年にかけての時期に置く。アメリカ独立戦争とフランス革命の時代、産業革命の時代。哲学でいえば、カントとヘーゲル、ミル、メーヌ・ド・ビランといったひとびとの時代。ロマン主義の時代。生物学、言語学、経済学をはじめとする個別科学の成立の時代。ようするに、現代に直接連なる生活・文化上の諸要素が、はっきりと姿をあらわしはじめる時代です。

さきに述べた学の階層秩序との関連でいえば、哲学という母体から個別科学や芸術が独立しはじめるこの時期は、神学―哲学―自由学芸のうち、一四世紀の切れ目よりもうひとつ下層ないし基層の、哲学と自由学芸の間に亀裂が入りはじめる時代（「哲学のおわり」の兆し！）として性格づけることができるでしょう。（一九六〇年代から、われわれは、以上の大きな切れ目にある意味で匹敵するつぎの時代の切れ目にさしかかりつつあるのではないかとわたくしは考えていますが、それについてはのちに多少触れることがあるでしょう。）

以上の切れ目は、図示するとつぎのようになります。

九世紀	一四世紀	一七七〇―一八二〇	一九六〇―？
カロリング朝ルネサンス	神学―哲学の亀裂	哲学―自由学芸の亀裂	？

第五講　テオーシスあるいはデイフィカチオ

キリスト教神秘主義の源泉はアレオパギタのディオニシウスである。彼は絶対的真理をもっぱら否定のみによって叙述している。

（W・ジェイムズ『宗教的経験の諸相』）

自然を分割すれば、四つの差異によって四つの種に分けることができると、私には思われる。それらのうち最初の種は、造って造られぬもの、第二の種は、造られ造るもの、第三の種は、造られ造らないもの、第四の種は、造らず造られないものである。これらの四つの種のうち二つの種は、相互に対立する。つまり、第三の種は第一の種と、第四の種は第二の種と対立する。しかし、第四の種は、それが存在することがありえない不可能な事柄に属する。

（ヨハネス・エリウゲナ『ペリフュセオン』）

カロリング朝ルネサンスを代表する哲学者であるヨハネス・エリウゲナは、独自の思索をよくする哲学者であると同時に、いかにもカロリング朝の「ルネサンス」すなわち文芸復興期の哲学者にふさわしく、古代地中海世界の学芸の遺産をあらためて復興してラテン中世のヨーロッパ世界に橋渡しし、以後の「共生」の展開の基盤を据えるという役割を果たしました。

エリウゲナがこうした仕事で具体的な足掛かりとしたのは、古代末期のヘレニズム文化圏に由来し、ディオニュシオス・アレオパギテースの名で伝えられる文献、さらにその影響下にあるマクシムス・コンフェッソールの諸著作、またニッサのグレゴリオス、アウグスティヌスらギリシャ教父、ラテン教父の諸著作といったものでした。

ディオニュシオス・アレオパギテース(ディオニシウス・アレオパギタはラテン名)とは、伝道者パウロのギリシャ旅行の際に、アテナイで彼の宣教に感化されてキリスト教に改宗した何人かのギリシャ人のひとりとして、『新約聖書』の「使徒言行録」(一七章三四節)に名前の記されているひとです。しかし、このひとの名のもとに伝えられている一連の文書が、とうてい本人の作とは考えられないことは、ずっと時代が下る新プラトン派の代表的哲学者のひとりプロクロス(四一一?—四八五?)の影響がそこに歴然と認められることからしてもあきらかなところです。そうであればこそこの文書群は、今日では通常「偽」の字を冠して、「偽ディオニュシオス・アレオパギテース」と呼ばれます。

とはいえ、こうした文献的事情がおいおいあきらかになったのは、近世ルネサンス以降のことで、エリウゲナが、この文書を西方ラテン世界に紹介した九世紀はいうまでもなく、一般的にはずっと後まで中世全体を通じて、それはディオニュシオスそのひとの作として、(さらには後世のパリの殉教者ディオニシウスも同一人物と見なされて)、ということは使徒の伝承に直接連なる権威を帯びたものとして、ラテン世界で重んぜられることになったのです。

冒頭の引用で、W・ジェイムズがこのディオニュシオス・アレオパギテースを「キリスト教神秘主義の源泉(fountainhead)」として性格づけているのは、以上に述べたような事情を踏まえてのことです。

すなわち、いま西方世界だけに話を限ることにしても、ディオニュシオス・アレオパギテースにはじまる「キリスト教神秘主義」の流れは、エリウゲナによって西方ヨーロッパ世界にもたらされ、はるか近代の哲学、宗教、文学にまで(もちろんジェイムズやベルクソンも含めて)その影響をおよぼす重要な精神的底流を形づくることになります。

この流れの基本的な発想ないし考えの形は、右のジェイムズの引用の後半部分に端的に示されています。すなわち、

彼は絶対的真理をもっぱら否定のみによって叙述している。

ディオニュシオス・アレオパギテースの思考のこの根本的な性格規定が、また前講で見たエ

リウゲナのことば、「神はその卓越性のゆえに、いみじくも「無」(nihil)と呼ばれる」にも流れ入っていることは、ことさら説明しなくても、容易にわかっていただけるかとおもいます。

さて、ここで、順序として冒頭の二番目の引用、自然の分類についてのエリウゲナのことばを見ることにしましょう。自然の展開の諸階梯を述べたこのくだりは、多くの哲学史教本の類にも採られて、彼のことばのうちでももっともよく知られているもののひとつです。

エリウゲナは、ここで、自然に四種あるといいます。

第一は、「造って造られぬ自然(本性)」。これは、万物の造り主としての神のことです。

第二は、「造られて造る自然」。これは、神の知性のうちにある世界のあらゆるものの原型、「原初的原因」(primordiales causae)、プラトンのいうイデアを含む自然です。

第三は、「造られ造らない自然」。空間、時間にうちに限定された場所をもつ被造物の世界です。

第四は、「造りも造られもしない自然(本性)」。「それが存在することがありえない不可能な事柄に属する」もの。存在をも超える卓越性、「無」。これは、すべてのものがここに帰る神のこと、すなわち第一の自然とおなじものです。

第一の自然に発して、第二、第三の階梯を通り、最後に、第四の段階でふたたび神に還る。

ここにはあきらかに円環の構造が認められます。神による一方的な被造物の創造(と救済)、それに見合う被造物の側の根本的な有限性と無力(さらには罪)という、われわれがなじんでいるキリスト教的創造論・救済論から見ると、この円環の思考はむしろ新プラトン主義の哲学に近い、東方的・異教的な香りを強くもち、ローマ教会の正統のなかに取り入れられることは以後もたえてありませんでした。

事実、エリウゲナの著作は、種々の歴史的事情もからんで、一一世紀と一三世紀に異端と認定され、読むことを禁じられたり焼き払われたりしています。エリウゲナ的思考の世界は、むしろ西方ヨーロッパ世界のラテン文化の伝統のなかでは、つねにいわば知的辺境にあって、くり返し本流の文化を刺激し活性化する役割を演じたといった一面を指摘できるでしょう。

この創造の円環の考えは、しかし、エリウゲナの独創ではなく、偽ディオニュシオス・アレオパギテースからすでにあるものです。

偽ディオニュシオス・アレオパギテースの思考圏では、第四の段階、造らず造られない本性、すなわち「無」としての神への還帰、神との一致は、「テオーシス」という名で呼ばれ、ラテン世界でそれは「デイフィカチオ」と訳されました。どちらも、「神化」というほどの意味です。

この「神化」にいたる道は、まさに「その卓越性のゆえに無と呼ばれる」神に還る道、有限な何事としても規定されない神に還るべく、つぎつぎに「あれでもない」、「これでもない」と否定を重ねて神への歩みをともにする道なので、ラテン世界では「否定神学」(theologia negativa)と呼ばれました。

一方、これに対して、第二の「造られて造る」本性から出発して、第二、第三の自然の創造のうちに神のはたらきを追想する道は、「肯定神学」(theologia positiva)と呼ばれます。

創造の円環の考えと表裏一体をなす二種の神認識・神体験の方法、「否定神学」と「肯定神学」は、ギリシャ語では、「アポファティケー」、「カタファティケー」という名で呼ばれました。これも通常「否定」、「肯定」の意味で使われる語ですが、「アポ」「カタ」には、それぞれ「遡源」、「下降」の意味がありますから、(「ファティケー」は「フェーミ」(言う)から)、「遡源の語り」、「流出路下降の語り」くらいの語感をもって受け取られることもあった語と考えてよいでしょう。

ともあれ、哲学的・神学的思考の語りは、創造の円環のミーメーシス(模倣的再現)として、創造の究極の高みに迫ることをこころざしていました。

この神のミーメーシス、イミタチオ、追従、追想は、しかし、けっして今日の意味で「非合理的」なものとも「反知性的」なものとも考えられてはいませんでした。

早い話が、いましがた見たエリウゲナの「四つの自然」が織り成す神の創造の円環、「テオーシス」、「デイフィカチオ」にきわまる創造・被造の円環の遍歴にしても、古典ギリシャというよりは中近東的・ヘレニズム的色合いの強い、神の洞観(ノエイン)にきわまるひとつの整然とした物語(ロゴス)の体裁を取っており、その意味でおよそ反-知性(ヌース)的でも反-理性(ロゴス)的でもありませんでした。

この種の思考を「神秘主義」と規定して、ときに反合理的、反知性的なものと見なすようになったのは、実は比較的新しく一八世紀終わりから一九世紀はじめにかけてくらいからのことです。ロゴスがその物語性を失い果てて近代科学や啓蒙の理性・合理性になり、知性もまたカントあたりで高度の知的直観能力としてギリシャの「ヌース」以来保ちつづけていた高い位置からすべり落ちた。いわばその空白、意味論的欠落部分を埋めるべき当惑をはらんだ概念として作られたのが「神秘主義」の語にほかならないといってよいでしょう。mustikos, mysticusという形容詞は古くからありましたが、このほうは、「理性」はいましばらく措くとしても、すくなくとも「知性」と両立不可能な体験にかかわるというように理解されることは、かならずしもありませんでした。

「神秘主義」という思想的・思想史的カテゴリーを使ってはいけないというつもりはありませんが、しかし、無神経かつ無自覚に、それを過去に投影して使うときは、総じて一七世紀以前のヨーロッパ哲学史は、一見整然と見えながら、その実、救いようのない歪曲(存在忘却とか神の死とか、大きなことはさしあたっていわぬとしても)におちいってしまうことを肝に銘じるべきです。

第六講　小宇宙——人間が動物であること

賢者たちのあいだでは、人間のなかにはあらゆる被造物が含まれているということで見解が一致している。というのも、人間は、天使のように知性を用い、理性を用い、また動物のように感覚し、身体を統御するのだから。それゆえ、知性を用いて、人間のうちに、すべての被造物が認められる。

（ヨハネス・エリウゲナ『ペリフュセオン』）

こうして、目に見える世界の制作が物語られたのちに、あたかもすべてに画竜点睛をほどこすようにして、人間の登場となった。人間の前にその制作が語られたものどもが、おしなべて人間のうちに含まれていることを、理解させるべく仕組まれたことであった。

（同）

前講につづいて、今回もまた、エリウゲナのテクストを考察の手がかりとして掲げました。

二つのテクストとともに、みずからのうちにすべての被造物を含む「小宇宙」としての「人間」、というテーマにかかわるもの。一番目のものは、それとあわせて、「知性」、「理性」、「感覚」という、人間の「魂」の構成部分とそれらの間の序列を述べたもの。いずれも、カロリング朝ルネサンスにはじまるヨーロッパ世界の哲学の以後の展開に、基本中の基本となる概念枠の土台を提供する役割を演じることになる、きわめて重要な構想を含むものです。まず、はじめに、上記二つのテクストが、いずれも『ペリフュセオン』第四巻から取られていることにご注意いただきたいとおもいます。

『ペリフュセオン』という書物は、全体で五巻からなりますが、全体は、前講で見たエリウゲナの「自然」の四区分にしたがって構成されています。すなわち、(1)「造って造られぬ自然」は、第一巻、(2)「造られて造る自然」は、第二巻、(3)「造られ造らない自然」は、第三巻にそれぞれ割り振られ、(4)の「造りも造られもしない自然」には、第四巻と第五巻があてられる、という構成です。

ということは、一巻から三巻は、神から出て、万物の原型である「原初的原因」を通り、空間、時間のうちにその位置を占めるもろもろの「被造物」にいたる、「下りの語り」(カタファティケー)つまり「肯定神学」の道行きに、およそのところ相当し、他方、四巻、五巻は、一転して、語りえぬ神に向けて還る、「神化」(テオーシス)やテオファニーを目指す、「上りの語り」(アポファティケー)すなわち「否定神学」の道行きを叙する、ということになりましょう。

これまでの三巻は、穏やかな海のようなものであったけれども、このさきは、「いまだ知られていない教えをきわめて微妙に理解しながら導いて行くために」、たえず座礁の危険にさらされて運びが慎重にならざるをえず、叙述が長くなって二巻にわたることになった――エリウゲナは、四巻の冒頭で、およそこのように述べています。

『ペリフュセオン』のなかでも、四巻、五巻が、「否定神学」の未踏の領域への挑戦として、とりわけ力をこめて書かれていることが、これによってあきらかでしょう。

さて、この第四巻のしかもはじめの部分で、エリウゲナは、「人間」の問題を、しかも、いわば「宇宙における人間の位置」とでもいった文脈において、本格的に取り上げます。(冒頭の二つの引用はこの部分からでした。)

この場所設定は、そのことだけで、実に多くのことを示唆しています。どういうことでしょうか。

まず、二番目の引用から見てみましょう。

こうして、目に見える世界の制作が物語られたのちに、あたかもすべてに画竜点睛をほどこすようにして、人間の登場となった。人間の前にその制作が語られたものどもが、おしなべて人間のうちに含まれていることを、理解させるべく仕組まれたことであった。

ここでエリウゲナは、いうまでもなく、『旧約聖書』「創世記」の神による世界創造の物語を念頭に置いて、その文脈のなかで「人間」の置かれた位置が、おのずから「人間」のうちにすべての被造物が含まれていること、いいかえれば、「人間」は一個の「小宇宙」(ミクロコスモス)にほかならないこと、を物語っている、と主張しています。

これは、「創世記」という物語の一つの解釈、ないし(中世風にいえば)「注解」として、一種の「物語の物語」(「メタ物語」)なのですが、肝心なことは、この「物語の物語」が、今度は、もう一度、『ペリフュセオン』というエリウゲナ自身の物語の枠組みの特定の文脈のなかに登場してくるという点です。

『ペリフュセオン』というエリウゲナ自身の物語の枠組みの特定の文脈、というのは、もうおわかりのとおり、神の創造のいとなみが、もろもろの被造物を生み出すところまでを「下向きに」(カタ-)たどる「肯定神学」の道をたどりおえて、さて、いままさに、方向を一転して、「上向きに」(アポ-)、創造の源泉のほうへと向きなおる、まさにその転換点において、ということにほかなりません。

「人間」は、こうして、これまでの世界創造物語に語られた全創造をみずからのうちに集約するものになる。宇宙の集約点としての「ミクロコスモス」になります。

もし神が、……人間にすべての動物の全本性を付与しなかったとしたら、目に見えるものも目に見えないものも、すべて被造物が人間においてどうして認められるだろうか。それゆえ、われわれは理にかなったものとして、こういうことができる。神は人間においてすべての被造物を造ろうと欲したがゆえに、人間を動物の類において存在させようと欲したのだと。（同）

これは典型的な人間中心主義だ、などと性急に決めつけないでください。そもそも、典型的な人間中心主義といえるものがあらわれるのは、実際にはせいぜい一八世紀から一九世紀にかけてのことで、それを過去に投影して人間中心主義の起源は何時何時、どの種の思想傾向から等々と、（多くは承知の上で戦略的に）いいたてる言説に不用意に足をすくわれることさえ心すれば、その種の性急な決めつけをまぬかれることは容易なはずです。

そんなことよりも、右の引用にある、「神は、……人間を動物の類において存在させようと欲した」というくだりに、「神は、（人間の救いのために）キリストを人間の類において存在させようと欲した」というキリスト教のドグマの一種の比喩的転用ないし転移によっていわれていることを即座に読み取るのが、この際はるかに大事なことでしょう。

すなわち、「人間の救い主キリスト」が、「動物の救い主人間」に転移される。ずいぶん大胆な比喩的転用です。人間中心主義どころか、たとえば今日のエコロジーや環境保護運動、環境倫理などが探し求めているあらたな世界観へのヒントが、ここにはひょっとすると豊富に含まれているかもしれません。

それにしても、この大胆な比喩的転用は、西方のヨーロッパ世界の思考においては、すくなくとも正統路線に属するものではなく、東方の思考のルーツに由来するものとおもわれます。インドやペルシャの思考との類縁を性急に云々することは、つつしんだほうがよいでしょうが、それでも、西方ヨーロッパ世界が閉じた空間ではなかったことは、ここであらためて銘記しておいてよいことでしょう。

さて、ここで、冒頭引用の最初のテクストのほうに移ります。その主要部分は以下のとおりでした。

賢者たちのあいだでは、人間のなかにはあらゆる被造物が含まれているということで見解が一致している。というのも、人間は、天使のように知性を用い、理性を用い、また動物のように感覚し、身体を統御するのだから。

人間の魂は、本性としては単純不可分であるけれども、その運動の多数性に応じて全体から部分への区分を受け、多くの名で呼ばれる。

右の引用のすこし前の箇所でエリウゲナはおよそこのようにいい、さらにつぎのようにつづけます。

　それが神のまわりを動くときには精神、知性と名づけられ、それが被造物の本性と原因を考察するときには理性と名づけられ、身体の感覚を通して可感的事物の形象を受け取るときには感覚と名づけられ……

　ここに、知性(精神)―理性―感覚、という、人間の魂の階層秩序が、くり返し明確に提示されていること、しかも、それがけっしてたんなる人間の魂の内側だけの序列ではなく、神―天使―被造物、という宇宙の階層秩序に対応するものとして、いいかえれば、人間の宇宙性、あるいは「小宇宙」としての人間の想念を背景にして提示されていることがあきらかでしょう。しかし、神―天使―被造物、という宇宙の階層秩序において、人間はどのような位置を占めるのでしょうか。

　第二項と第三項の性質を共有する、というのが本講冒頭の引用に照らしても、まずは妥当な答えでしょう。

　しかし、前講ですでに述べたことを思い出してください。エリウゲナには、「神化」(テオーシス、デイフィカチオ)という重要な考えがありました。とすると、人間は、第一項、すなわち神の性質をも共有するのです。

いわば魂が向きを変えて、「上りの語り」(アポファティケー)すなわち「否定神学」の道行きを叙する『ペリフュセオン』第四巻、第五巻の最初の部分に、エリウゲナが「人間」の考察を置いたのは、目標としての「神化」を視野におさめてのことでした。

西方ヨーロッパ世界のラテン文化の正統には、以後もついぞ浮上することのなかった、東方の香りの強い、異端すれすれの、まことに大胆な思考の飛躍でした。

いかにも新時代の覇気にあふれたこの思考の飛躍が、知性―理性―感覚、神学―哲学―自由学芸、という、以後数百年にわたってヨーロッパ世界を支配することになる思考と学問と教育制度との序列の基礎を据えたのでした。

第七講　レアリスムスのたそがれ

考え深い読者よ、政治的党派心のバイアスのかかったオッカム的な先入観——思考においても、存在においても、発達過程においても、「確定されないもの」(the indefinite)は、完全な確定性という最初の状態からの退化に由来する、という先入観を取り払いなさい。真実は、むしろ、スコラ的実在論者——「定まらないもの」(the unsettled)が最初の状態なのであり、「定まったもの」の両極としての、「確定性」と「決定性」は、概していえば、発達過程から見ても、認識論的にも、形而上学的にも、近似的なものを出ない、と考えるスコラ的実在論者の側にあるのである。

（C・S・パース「形而上学ノート」）

今回テーマとして取り上げる上記の引用文は、すでにわれわれが第四講において一度見たものです。

ここでは、カロリング朝ルネサンスにはじまる「ヨーロッパ世界の哲学」の最初の大きな切れ目とわたくしが見定めておいた、一四世紀の哲学の動向をさぐる手がかりとして、この文章をあらためて取り上げることにします。

一四世紀、通常中世末と性格づけられる時代の哲学における最大の論争点であった、「唯名論」と「実在論」の対立、オッカム派(新派)とスコトゥス派(旧派)の対立は、今日では通常つぎのような問題をめぐるものと理解されています。すなわち、「普遍的なものども」(universalia)(「動物一般」とか「人間一般」とかいう「類」あるいは「種」)は、(典型的にはプラトンのイデアのように)、「実在する」のか、それとも、実在するのは個々の人間、個々の犬といった個体だけで、類や種は「唯名的」な、すなわち名ばかりのものなのか。

もちろん、前者の主張が「実在論」(レアリスムス)のもの、後者の主張が「唯名論」(ノミナリスムス)のものとされます。

パースは、しかし、今日ステレオタイプ化している二つの相反する立場のこのような性格づけを、そのままには採用しません。対立は対立として当然認めるにしても、その論争点のありようをすこしずらして捉える。

すなわち、対立は、普遍(者)と個をめぐるものというよりは、むしろ、それに先立って、「確定されないもの」と「確定されたもの」のどちらをより先なるものと見るかにある、とするのです。

もちろん、「確定されないもの」を原初の状態と見るのが「実在論」の立場、「確定されたもの」を第一の出発点と見るのが「唯名論」の立場、ということになります。

つづく一文で、パースは、「実在論」の立場を、「定まらないもの」を原初の状態と見、「定まったもの」は、(集団と個の)発達の観点からしても、認識論的にも、また形而上学的にも、概していえば、近似的な認定を出ない、とするものと規定して、あらためて自分はその立場を支持することを明言するのです。(「確定されたもの」(the definite)と「決定されたもの」(the determinate)が、「定まったもの」(the settled)の両極とされるのは、「確定されたもの」を、特称命題に、「決定されたもの」を普遍的命題にそれぞれ関係づけ、前者においては発話者によって適用範囲が確定され、後者においては、解釈者によって適用範囲と真偽値が左右される、と見る、あくまで対話状況に即した、パースによるこれらの概念の独特の規定にしたがってのことです。)

さて、このように見てくると、一四世紀の哲学のメイン・イシューである、「実在論」と「唯名論」との対立は、通常そう理解されるように、個と普遍のプライオリティ如何という問題をめぐるものというよりは、むしろ、(パースはそこまで明言していませんが)、個的なものをどう捉え、ないしはどう規定するかにかかわるものであることがあきらかになってきます。

すなわち、個的なものを、元来非確定で、したがって(ここが肝心のところですが)汲み尽くしえない豊かさをもち普遍者や存在をいわば分有するものと見なすか、それとも、まったく反対に、それを、いわば第一の直接与件として、しかも単純で確定された規定を帯びた、世界と思考のアトム的な構成要素と見なすか。

「実在論」と「唯名論」の対立の因ってくるところは、このような考え方のちがいにあるとおもわれます。

事実、そして、このように問題を押さえておくと、一四世紀における「ヨーロッパ世界の哲学」の大きな転換が、何を意味し、またどのような射程をもっていたかが、これまでよりもはっきりと見えてくるのです。

では、このあたりの歴史的展開を正確に見定めることを妨げたものは何だったのでしょうか。この点に関しても、パースは、彼なりにひとつの見解を用意していたように見受けられます。さきの引用に先立つくだりで、パースが述べているところを見ましょう。

近代の思考は、度を過ぎてオッカム的であった。それは、学芸の復興に際して、蒙昧主義者や、時代後れなひとたちがドゥンス〔スコトゥス〕の陣営に属し、一方政略にたけたオッカムが敵手を代表していた、という偶然的な事情に由来することである。しかし、こんな結末になったのは、たとえ浅薄に流れることはあるにしても、正確な思考が行なわれていたあのかつての時代に、スコトゥスの教説は、あらゆるスコラ的討論の試練に耐え抜いて浮上してきたのだが、一方、学芸の改革者たちは、こうした討論について、およそこれっぽちも理解することがなかった、ということのためなのである。

パースのこの文章は、いささか込み入った事情を対象としているので、多少の注釈を必要とします。

まず、ここで、「学芸の復興」、「学芸の改革者たち」といわれているのは、一四世紀における哲学の活発な展開、とりわけ、論理学、言語論、記号論などの領域における目覚ましい進展とその担い手たちのことを念頭においてのことと思われます。（その主要な担い手は「唯名論者」すなわちオッカム派のひとびとでした。かれらが moderni（近代派のひとびと）と呼ばれたことは、ご存じの方もあるでしょう。）

さて、「蒙昧主義者や、時代後れなひとたちがドゥンス〔スコトゥス〕の陣営に属し」、というつづく一節は、この時代の新しい動きに対して、スコトゥス派のひとびとが後れをとったことをいっています。あるいは、保守的な蒙昧主義者や、実のところスコトゥスその人とは遠い極端な実在論者たちが、一斉にスコトゥス派に加担したので、その分だけ、スコトゥス派が見すぼらしく時代後れに見えた、ということ。

こうした「偶然の情勢のゆえに」、以後の近代思想は、今日にいたるまで一貫して度を過ぎてオッカミスティックだった、とパースはいうのです。（原文現在完了です。）

「政略にたけたオッカム」といういいかたは、冒頭の引用文にあった「政治的党派心のバイアスのかかったオッカム的な先入観」という一句などとおもいあわせると、どうも、オッカムの唯名論が、本心から出たものというよりは、政略上のイデオロギーとして採られたものである、（あるいはすくなくとも、敵手の単純な学説に見合うようにことさら単純化されたもの）、とパースが見ていたことを示すもののようにおもわれます。

しかし、この見方の当否を判断するだけの力は、残念ながら現在のわたくしにはありません。

さて、ところで、さらに、この出来事の生じてきた背後にある事情を述べたのがつぎにつづく一文です。（大半が過去完了で書かれています。）

「たとえ浅薄に流れることはあるにしても、正確な思考が行なわれていたあのかつての時代」、といわれているのは、さきの一四世紀の「学芸の復興」が登場する以前の時代、いわゆるスコラ哲学の盛期といわれる一三世紀あたりを中心とした時代のことでしょう。

スコトゥスの教説は、あらゆるスコラ的討論の試練に耐え抜いて浮上してきた。

一三世紀には、浅薄に流れることがあるにしても、厳しい論争を通じて相互の考えを吟味し、厳しく検討する習慣が生きていた。

そこでは、個体の規定をめぐって、とりわけ精緻で厳しい論争がたたかわされた。

パースは、そのあたりの事情に通じており、また、一時期盛んであった学問や思考のいとなみが、何かのきっかけで、短時日の間に、忘れられ形骸化することがあることもよく知っていたのでしょう。

一方、学芸の改革者たちは、こうした討論について、およそこれっぽちも理解することがなかった。

ここで、概念装置が、あるいはいいかえれば、学問的語りや討論のイディオムが大きく変わってしまっていた。

この残骸を見て、そこから過去への投影で、「スコラ哲学」を値踏みすることだけでは、すまない。

あるいは、当今の概念装置を基準にして、その眼鏡で「スコラ哲学」を値踏みすることだけでは、すまない。

パースには、こうしたことがよく見えていた。

残念ながら、これは少数派です。スコラ哲学の専門的研究者でもなくて、また党派心からして肩入れする必要などなくて、これだけの見通しをもちえたことはすぐれたことといってよいでしょう。

第八講　個体と共通本性

現実活動体（エネルゲイア）においてある知識は、その対象となるものと同一である。
（アリストテレス『霊魂論』）

一二世紀にイスラム世界経由でその全貌が知られるようになったアリストテレスの哲学が、一三世紀にピークをむかえるヨーロッパのいわゆるスコラ哲学に決定的な影響を与えたことは、よく知られているところです。

ピレンヌが説くように、マホメットの勢力がシャルル・マーニュ（カール大帝）の王国の成立に決定的な影響をおよぼしているとすれば、それとおなじく、否それよりもはるかに直接的な形で、マホメットの文化圏を経由して移入されたアリストテレスの哲学は、アルベルトゥス・マグヌス、トマス・アクィナス、ガンのヘンリックス、ドゥンス・スコトゥスといったひとびとの思考の成立に決定的な影響を与えたのです。

一四世紀に、時代の転換を象徴する論争点となった「実在論」と「唯名論」の対立、普遍と個の関係をめぐる論争も、元来はアリストテレスのうちにその淵源をもつものにほかなりませんでした。

プラトンのイデア論を批判して、個物の存在をいわば救い出そうとしたアリストテレスの思考においては、普遍と個の関係の問題が、当然のこととして、先鋭化された形でさまざまに論じられることになりました。

アリストテレスを読み、注釈し、論じた、ヘレニズム世界からイスラム世界にかけての多くの思索家たちが、普遍と個の関係というこの問題を、さらに精細に練りあげられた形で、西欧世界にもたらし、「共生」の素材を提供しました。

冒頭に掲げた一文を含む『霊魂論』第三巻の五章は、邦訳にして二ページほどの短いものですが、こうした一連の動きのなかで重要な役割を演じたテクストのひとつです。

「現実活動体(エネルゲイア)においてある知識は、その対象となるものと同一である。」アリストテレスは、この一文で、知性がその究極において対象世界といわば臍の緒でつながっていること、(近代人の考える孤立した主観のようなものではないこと)、を主張しているといってよいでしょう。

右の一文は、これに先立って述べられる有名な二つの知性の区別についての記述を承けて出てきます。二つの知性とは、「能動知性」と「受動知性」(ラテン中世では、「可能知性」といわれることが多い)です。アリストテレスは、およそ、つぎのようにいいます。

自然全体についてみると、一般に、あるものはそれぞれの類(という形相)に形どられるための可塑的な質料として可能態のうちにあり、一方他のものは、ちょうど人工物において技術が質料を成形する場合のように、作出的原因として(ある形相を)現実態にもたらす。

(思惟的)霊魂においても、当然、そうした区別がなければならない。

受動知性は、可能態にあり、すべてのものになる(受け入れうる)知性で、質料になぞらえられる。一方、能動知性のほうは、すべてのものを作ることにおいて、作出的原因に相当する。能動知性は、光がもろもろの可能的色を現実的色に作る、ちょうどその光のように現実活動にあるひとつの状態である。それは、質料から独立で、不受動的で、まじり気がない。

「現実活動体(エネルゲイア)においてある知識は、その対象となるものと同一である。」

しかし、可能態にある知識は、一個人においては時間的にはより先のものである。とはいえ、(人間)全体としてみれば、時間的にさえより先のものではない。そして、知性は、ある時は思惟し、ある時は思惟していないということはない。(身体から)分離されたとき、それがまさにあるがままのものであり、また、ただそれだけが不死で永遠である。

「現実活動体(エネルゲイア)においてある知識は、その対象となるものと同一である」という、冒頭に引用した文が、能動知性のはたらきを述べ、その不受動性、現実活動から、無時間性あるいは超時間性にいいおよぶ文脈のなかにあらわれることが、以上によっておわかりいただけるでしょう。

この能動知性を個人に内属するものと見るか、それとも、超個人的な宇宙霊魂のごときものと見るかについては、遠くギリシャの昔から(前者はアフロディシアスのアレクサンドロス、後者はテミスティオスが説く)解釈にちがいがあり、ラテン中世においては、後者の立場はアヴェロエスに帰せられ(て異端とされ)、前者はトマスをはじめとする多くの哲学者の擁護するところでした。

普遍者が個に宿る、という考え方のひとつの原型が、能動知性の個人への内属というこの考えのうちに見られることを心に留めておきましょう。

「現実活動体(エネルゲイア)においてある知識は、その対象となるものと同一である」という文が、知性と対象世界の間に臍の緒のつながりがあることをいうとすれば、能動知性の個人への内属という考えのうちには、個体とその知性の宇宙性とでもいうべきものが指示されていると考えられるからです。

ところで、一二世紀の終わりから一三世紀にかけてのラテン中世における普遍と個の思考に決定的といってもよいくらいの大きな影響をおよぼした考えに、アヴィケンナ(九八〇―一〇三七)の「共通本性」という考えがあります。

イスラム世界有数の独創的思想家(医家としても知られる)であるアヴィケンナが、アリストテレスに即しつつ発展させた考えです。

「共通本性」(natura communis)とは、人間とか馬とかいう「種」をして、その特定の

「種」たらしめる「本性」をいいます。

この「本性」はまた、ラテン語では、essentia ともいいかえられます。普通に「本質」と訳される語ですが、近頃は、ドイツ語でも一八世紀以来の定訳である Wesen にかえて Wesen-heit という新語が一般化しつつあるような微妙なことばですから、訳語はともかく、内容の理解には慎重であってよいでしょう。essentia の語は、元来古典期の用法においては、「本質」の意味とともに、「存在するものども」という意味がありました。(humanity = 人間性、人類、というように、抽象名詞と、集合名詞にあいわたる語は、ヨーロッパ語では、すくなくありません。)

たとえば、トマスなどが、essentia の語を使うときに、こうした古典期の用法や、また彼の母語であったイタリア語に流れこんだその影響が意識の隅になかったとは考えにくいので、それをただ「本質」と訳して足れりとする現状は、日本の読者への橋渡しとしては細心の配慮を欠くといわれてもやむをえないでしょう。

「在れ」という古語を復活して、「在れさま」などと、たわむれに定型を外す効果だけをねらって私的な小集団で使ってみたことはありますが、もとよりわたくしにも成案はありません。残念ながら、日本語の造語力を見限って、「エセンチア」と仮名書きで行くのが今後の有力候補となるかもしれません。

さて、その人間あるいは馬などの「共通本性」ですが、アヴィケンナによれば、それが複数の個体について語られうるのは、それがそれ自体としては、一般的でもないし——一般的であれば個々の個体はありえない——また個別的でもない——そうなれば一つの個体しかありえない——かぎりにおいてであるとされます。

「共通本性」は、また、感覚的に捉えられる個物とも、知性に捉えられる普遍者ともちがって、本性たるかぎりでの本性であり、それ以上でもそれ以下でもない、とされます。一でも多でもなく、感覚にあらわれる個物でもなく、知性のうちの存在でもなく、個別的でも普遍的でもない。

このようにニュートラルに考えられた「共通本性」は、しかし、時空のうちに存在する個物や、知性に思考される普遍者に、「存在において先行する」とされます。

「共通本性」についてのアヴィケンナのこの考え方は、個物と普遍者をどうかかわらせて、個物と普遍者それぞれをどのように考えるか、いわば両者の存在論的ステイタスをどう押さえるか、という、プラトン、とりわけアリストテレスこのかたの哲学の基本問題にひとつの展開をもたらすべく、精緻に考案されたものでした。

それだけに、それは、あらたな概念装置として、アルベルトゥス・マグヌス、トマス・アクィナス、ガンのヘンリックス、ドゥンス・スコトゥスといったスコラ哲学盛期の思索家たちに、大きなカルチャー・ショックを与え、ラテン中世の思考に新しい局面をひらく触媒としてはたらくことになりました。

トマスは、この「共通本性」に何ら特有の形而上学的ステイタスを帰すことなく、個物のうちに存するものとも、普遍性をもった一者とも区別された、それ自体における本性、ないしは、知性のうちにある抽象概念にほかならぬとしました。個物の個別性は、「特定された質料」(materia (de) signata) に由来するとして、(形相的な) 述語規定の無際限な系列によってではなく、質料の側から説き明かされ、「共通本性」の普遍概念に対する先行性は、神の知性によって創造このかた知られてあることによって、究極の保証を得るとされました。

ノミナリスムスにも、極端なレアリスムスないしプラトニスムにもおちいることなく、個体と普遍者の問題を考え抜こうとする斬新なこころみでした。

スコトゥスは、これを承けて、より徹底した思考をこころみます。

すなわち、現実の個物の「数的な単一性」に対して、それとは区別された「数的単一性よりも小さな実在的単一性」を(個的でも普遍的でもない)「共通本性」に帰して、よりアヴィケンナの実在論に近い解決をさぐったのです。

個物の個別性もまた、トマスのように質料の側にその由来が求められることなく、もはや語り尽くすことのできぬ、「存在者の究極の実在性」としての「このもの性」(haecceitas) という独特の個的形相に求められることになりました。

存在においても、発達過程においても、「確定されないもの」(the indefinite) は、完全な確定性に先立つとし、「スコラ的実在論者」の見解を支持するパースの考えを、われわれはすでにくり返し見ました。

この「確定されないもの」というパースの表現が、アヴィケンナ－スコトゥスの「共通本性」や「数的単一性よりも小さな実在的単一性」の現代的いいかえにほかならぬことは、パースがとりわけスコトゥスに精通し、またその思考を尊重していたことからして、まず間違いありません。

個物でも普遍者でもなく、一でも多でもなく、しかも存在において個物にも普遍者にも先立つとされる「共通本性」の考えは、反面で、無際限な述語規定をもち、汲み尽くすことのできない個物というあらたな個体概念を生みました。（ちなみに、この規定のかぎりでは、トマスもスコトゥスも変わりがありません。）

この個体概念は、「小宇宙」としての個体という概念に非常に近いところにありましたし、実際、たとえば、「このもの性」という概念をスコトゥスから継承するライプニッツが、この概念を「小宇宙」としての個体の概念に接続する様子をわれわれはいずれ見ることになるでしょう。

第九講　ホイットマン――類種を宿す個

わたしはあなたを信じます、わたしの「魂」よ……

草の上でわたしと無為の時をもちましょう、あなたの喉の音栓をゆるめてください。

たゆたう切れ間だけが、あなたの多彩な声のそのハミングだけが、わたしは好きです。

むかし、このような澄み切った夏の朝に、わたしたちがそろって寝ころんでいたのを、わたしはよくおぼえています。

この世のあらゆるあげつらいを超えた平和と知が、すみやかにわたしのまわりに生じ、そしてひろがりました。

いま、わたしは知る、神の手はわたし自身のための約束であることを。

いま、わたしは知る、神の霊はわたし自身の霊の兄弟であることを。

そして、これまでに生を享けたすべての男たちはわたしの兄弟、女たちはわたしの姉妹、恋人であることを。

そして創造の竜骨は愛であることを。

（ホイットマン「わたし自身の歌」）

ホイットマンのよく知られた詩の一節です。見られるとおり、（アリストテレス風にいえば、みずからの「魂」のなかの神的な部分、不死永遠の部分に呼びかける形で！）、自分の周囲の世界をかぎりなく親密なものに感ずる至福の回想と重ねてのおとずれ（「反復」といいたければいってもよい）とをうたっています。

この一節は、W・ジェイムズが、『宗教的経験の諸相』の「神秘主義」に関する章で、「宗教的神秘主義」、すなわち「神がじかに現前するという突然の実感」にかかわる神秘体験の例として、アミエル、マルヴィーダ・フォン・マイゼンブークなどの記述とならんで引用し、「このようなスポラディック（おりおりおとずれる）な神秘的体験の古典的表現」にほかならないとしているものです。

哲学史の学問的研究の常識からすればいささか破天荒なことかもしれませんが、こうして、前講で見た、「魂」や「知性」（ヌース）に関するアリストテレスの所説と、ホイットマンやジェイムズの体験の表現やまたその注解を重ねあわせてみることがあながち見当ちがいであるとはわたくしはおもいません。

そこには、つまるところ質的に通底する事柄の表現が見られるとおもわれ、もしこの見当が間違っていなければ、そうした重ねあわせは、せまい研究領域だけに閉じこもっていてはかえって見えにくい何ものかを見いだしあるいは確かめる手引きになりうるかもしれないからです。

「現実活動体(エネルゲイア)においてある知識は、その対象となるものと同一である。」

前講で見たように、アリストテレスは、こういっていました。

ここには、普遍への個の内属の意識、さらには、宇宙的共感の表現が見られるとわたくしは申しましたが、そうおもってみれば、右に引いたホイットマンの詩のうちにもそうした考えに通うものを読み取るのはそれほど困難ではないでしょう。

とりわけ、

「いま、わたしは知る、神の霊はわたし自身の霊の兄弟であることを。」

という一行には、知るものと知られるものとの根底における同質性(さらには広義の同一性)がはっきりといわれています。(ギリシャ語の「ヌース」は、個々人の「知性」を意味すると同時に、宇宙全体を統べる神的組織原理をも意味しました。)

「わたしはあなたを信じます、わたしの「魂」よ……」

という引用冒頭の一句は、こうして、アリストテレス風にいえば、「能動知性」が、わたしの内に分属して、共通の世界、共同の世界とのいわば臍の緒をなし、共通の世界、共同の世界、真実の世界への展望をひらく窓の役割を演ずるゆえんを述べているとでもいうことができるでしょう。

「この世のあらゆるあげつらい(論証)を超えた平和と知」は、こうして、いわば宇宙の核心にひと息に参入した「魂」ないし「知性」が、その結果獲得する内的平安と高度の直観知を意味するでしょう。(「神化」(テオーシス)とまではいわぬにしても。)

「(わたしは知る)、そして、これまでに生を享けたすべての男たちはわたしの兄弟、女たちはわたしの姉妹、恋人であることを。」

神の霊がわたし自身の霊の兄弟であることをいったくだりにつづくこの一行は、とりわけ重要です。

何故でしょうか。

ここには、いうまでもなく、この世に生を享けたすべての男たち女たちに対する強い同胞意識ないし同胞感情がうたわれています。しかし、そうした博愛主義的な心情をいうだけならば、(近頃の哲学で流行の「他者」意識を欠いた)、近代の微温的なヒューマニズムにもいくらも類例があって、格別の興味の対象とはなりません。

ここで、わたくしが、この詩の、以上にあらましを説明したような文脈のうちに出現するこの一行を興味深くおもうのは、それが、まさに、先立つ諸講で見てきたような個と普遍の問題、個体と類種概念の問題を考えるひとつのプロトタイプを提示していると考えるからです。

いおうとすることは、しかも、そんなに難しいことではありません。

「これまでに生を享けたすべての男たち」「女たち」のうちに「わたしの兄弟」「わたしの姉妹、恋人」を見るということは、そこにわたしの「他」でありながら同時に「同」である「分身」を見ること、フランス語にいうsemblable(似たもの、隣人)を見ることにほかなりません。類あるいは種の認識のプロトタイプには、こうした(「他」―「同」である)「似たもの」の認定がまずその核心にあるのではないか、というのが、ここでわたくしが、作業仮説としてにもせよ、考えてみたいことなのです。

そのことの含意の第一は、個と類種の問題、個の普遍への内属の問題などというのが、そもそも、純理論的な問題であるというよりは、むしろそれに先立って、「類比」的ないし「比喩的」(「私のようなもの」)思考による、自分の同類(と「異類」)の認定にその根をもっており、だとすれば、それは、(死活の)行為や(激しい)感情にかかわる問題であるということです。(お望みならば、「オントロジカル・コミットメント」(存在論的かかわり合い)といってくださってもかまいません。)

神の霊と自分の霊を「兄弟」と認定することは、類種概念を超えたことですが、(神が類種概念を超えているのですから)、「男たち」や「女たち」を同胞と類比的に認定することは、彼または彼女らとおなじ類ないし種に自分が属することを認定することになります。

この認定自身、すでにある感情と存在論的コミットメント(念のためにいえば「種」概念の実在の側への)をともなうことであり、またそこからしておのずから彼または彼女らに対する対人的な行動の準則のいくつかが生じてくるでしょう。

「同胞」という「普遍」を抜きにすれば、わたしはわたしではないし、逆に、わたしや、個々の男たち、女たちという「個」を抜きにすれば、「普遍」は空虚な概念にすぎません。
中世の「実在論」、「レアリスムス」における、個の普遍への内属という考え方の根底には、あえて不正確ないいかたをすれば、こうした事態の、「類比的」あるいは「比喩的」思考(一種の「野生の思考」!)を介しての、認定がまずもってあった、とわたくしは想定してみたいのです。(近来の英語圏の社会哲学で、コミュニタリアリズムにアリストテレスの共同体論の復権をはかる動きがありますが、こうした原理的問題との接点での議論の掘り下げはまだこれからの課題でしょう。)

そもそも、中世における「実在論」と「唯名論」の対立は、キリスト教のドグマに関していえば、三位一体の教義の理解にかかわるとともに、(唯名論は三神論に流れることがあった)、聖餐式において、パンと葡萄酒が本当にキリストの肉と血に「化体」(transsubstantiatio)するか、それともそれをたんに象徴するだけか、という、今日から見れば一見荒唐無稽とも見える問題にかかわることとして、ときに教団の存亡にかかわる争点となって、とくにのちの宗教戦争の時代には、血を見る争いをさえ呼びました。

この問題も、ここでの文脈からすれば、ひとつには、個体を規定する述語系列をどう考えるかという問題(definite か indefinite か、外挿的に追加可能か否か)、第二には、自分の(血や肉の)分身でもありキリストの血肉でもあるものを本当にパンや葡萄酒のうちに認めることができるのかという問題にかかわることとして、考えてみることができるでしょう。(ちなみに、類比的、比喩的思考を通じて、あるものの実在にかかわり合う、コミットすることと、実在ないし非実在から出発して、あるものとたんに比喩的、象徴的にかかわり合うこととは、さしあたり全然別なことです。)

「化体」などという特殊宗門的な問題は、しかし、いまは措くとして、重要なことは、ここで、無限定系列をしたがえた(柔軟な同一性をもつ)個体という概念が、比喩的思考の原初性、根底性という構造主義このかた浮上した現代的テーマを許容しうること、さらにいえば、それが、また、比喩的思考という柔構造を起点にして、述語系列によって構成される物語性(narrativity)という、これまたきわめて今日的なテーマを許容しうること、これらのことどもをはっきりと見定めておくことでしょう。

第十講　個と知を絶する深みと

それ故、実在にかかわる学知にとって、個物どもから実在的に区別された普遍的なものを立てることは、してはならないことである。

（ウィリアム・オッカム『命題集注解』）

個的なものどもで十分である。したがって、普遍的なものどもなどというのを立てるのは、徹頭徹尾やり甲斐のないことである。

（ウィリアム・オッカム『論理学大全』）

ひとは、知から無知へといたらなければなりません。……神は、超絶的な存在で、存在を超えた無なのです。

（エックハルト『説教集』）

今回は、三つの短いテクストを講義の手がかりとして掲げました。はじめの二つはオッカムのもの。ご覧のとおり、二つともたがいに密接に関連する内容のものです。

三番目は、エックハルトのもの。中世高地ドイツ語という古いドイツ語で書かれています。

オッカム(一二八五?―一三四七/九)は、すでに何度も触れたように、一四世紀唯名論の代表者。

エックハルト(一二六〇?―一三二七/八)は、おなじ一四世紀にとりわけ盛んになった、今日「ドイツ神秘主義」の名で知られる思想動向のこれまた代表格と目されるひとです。

この二人の思考を対比することによって、西欧の一四世紀という、九世紀カロリング朝ルネサンス以来最大の思考秩序の変革期(この時代は、思考の秩序のみならず、社会、政治、経済をはじめとする生活全般の領域の変革期でもありました)のありかたの一端に光をあて、ひとまずのまとめの考察をこころみるのが、今回の講義のねらいです。

ちなみに、オッカムとエックハルトは、当時政情不安のはざまでアヴィニョンの地に移っていた教皇庁に、オッカムは一三二四年、エックハルトは一三二七年ともに異端審問のために召喚されています。エックハルトは、その年の暮れから翌年の春の間にアヴィニョンで没し、オッカムは、一方、一三二八年アヴィニョンを逃亡し、教皇ヨハネス二二世と対立関係にあったバイエルンのルードヴィヒ四世の庇護をもとめ、一致協力して教会と世俗権力の分離を主張し、教会を追われることになります。

変革の時代、新旧勢力の対立のはざまで起こった、思想対立のひと齣でしょう。

さて、冒頭の引用のテクストのうち、はじめ二つのオッカムのものについて。

この二つのテクストは、いずれも、「普遍的なもの」を「個的なもの」と区別されたもうひとつの実在するものとして立てることをきっぱりと拒否し、「個的なものどもで十分である」と明白に個(体)のみを実在とする立場にコミットすることを宣言していることにおいて同趣旨のものです。

こうした立場と表裏一体をなすようにして、実在するのは「魂の外の」個物あるいは個体のみであり、普遍者は魂の内でつくられる主観的なもの(当時の用語でesse obiectivum)、フィクションにほかならないとする、今日の用語でいえば、主観―客観の分離にあたる発想が姿を見せていることも、心に留めておいてよいことでしょう。

ともあれ、個(体)のみを実在とし、普遍者の実在を否定する立場は、いうまでもなく唯名論のそれにほかなりません。

われわれは、すでに第七講で、パースにしたがって、実在論と唯名論との対立が、通常そういわれるように、個を実在とするか、それとも普遍をまずもっての実在とするかという論点にかかわるものではなく、むしろ、それに先立って、個体をどう理解するかにかかわるものであること、すなわち、個体を限定された(definite)ものと見るか、それとも汲み尽くしがたく非限定(indefinite)なものと見るか、という対立にその由来をもつものであることを見定めておきました。

そして、前講すなわち第九講では、アリストテレスにまでさかのぼって、実在論の立場が、たんなる理論的議論であるに先立って、むしろ、同胞の認定というきわめて実際的なときに生臭くさえあることがらにすくなくともその淵源のひとつをもつだろうことを見ました。(同時に私の自己同定でもある)「同胞」の同定において、「同胞」の概念は、実際上はつねに「不確定」です。「異人」や「異族」や「異教徒」等々の概念が、昔も(今も?)「人間」と「人でなし」の境界線上でたゆたっていることを考えてください。逆に、生物学上の種としての「人間」をはるかに超えて、「同胞」(semblable)の観念を広く拡張可能なことは、近来の一部の環境保護思想等々に見るごとくです。

以上のことを念頭において、あらためてさきのオッカムのことばを見てみましょう。

「個的なものどもで十分である」、「普遍的なものどもなどというのを立てるのは、徹頭徹尾やり甲斐のないことである」、といったきわめて明快な表現には、良い悪いはまったく別にして、もはや、「不確定」なものの入る余地はありません。

「個体化の原理」などを問うことも、不要とされ、いかなる個体でも、それ自体からして個別・単一なのだ、というようにいわれます。

トマスの「特定された質料」や、またとりわけスコトゥスの「このもの性」のような、普遍と個の境界線上にあってしかも「不確定」なものは、オッカムの思考には場所をもちえようがないのです。

　こうなれば、普遍もそれなりに、「限定」されて、個と普遍、客体(的なもの)と主体(的なもの)は分断され、個の普遍への内属とか、アヴィケンナ流の「共通本性」といった、それ自体個でも普遍でもないまさにそれゆえに、個と普遍の媒介の役割を果たす概念の入る隙もまたありようがない、ということになります。

　「存在は必要もなく増加してはならない」という定式で一般に知られる「オッカムの剃刀」の切れ味は、これほどに鋭く、また、したがって、その時代への影響も大きかったということでしょう。

　といった次第で、ここで、思考の秩序の大きな変化が起こりました。

　これも良い悪いはさしあたってまったく抜きにして、「同胞」の同定や、あるいは普遍者との媒介などをまったく必要としないきわめて洗練された、ないし抽象度の高い「個」の概念の成立です。

　こうした概念は、社会思想の側面では、あらゆる社会制度をフィクションとしてあつかい、「個」を「個」として主張、ないし尊重しうる思考の有力な拠点となります。

　実際、それは、(個からなる共同体としての)世俗と教会との分離独立の考えの基礎となり、あるいはまた、公会議の教皇に対する抵抗の理論的支えとなりなどしながら、やがて、近代の

「基本的人権」や「民主主義」の基底をなす考えとして受け継がれていくことになります。

しかし、人間理解、あるいは世界理解としては、はたして、これだけ見事な単純化をあえてし、多くの承け伝えられた思考の概念装置を切り捨てることで、十分に足りるだろうか。以後のヨーロッパ精神史の展開のなかでは、この点が当然さまざまな形で問題になることになるでしょう。

たとえば、「能動知性」の理論と密接に結びついて使われてきた「形象」(species)の概念(「可知的形象」、「可感的形象」の概念)を、オッカムは、これも無用な普遍者の一種として切り捨てます。

その代わりに、概念形成・操作のための「代表」(suppositio)の理論などを考案することによって、近代の記号論に通じる精緻な理論を開発するという積極面がありましたが、反面、(普遍者の座としての)「能動知性」は、捨てられることはないまでも、影が薄くなり形骸化しました。

神学―哲学―自由学芸、という学問の階層秩序の、「神学」と「哲学」の間に、啓示にもとづく多くのキリスト教のドグマは哲学的に解明不能、として亀裂を入れたのと並行して、知性―理性―感覚、という魂の部分の階層秩序の最上位にある「知性」の音域がいわばせまくなりました。(四世紀ほどのちに、「知性」と「理性」の序列の逆転にいたる経緯は、いずれ見ます。)

伝統的な思想の構築の上端にきざしはじめたこの空白を、いち早く察知して大胆な突破をこころみるところに、同時代人エックハルトの今日では「神秘主義」と称される思考が成立した、と見ることができるかもしれません。

さて、そのエックハルトですが、冒頭に掲げた引用文は以下のとおりでした。

　ひとは、知から無知へといたらなければなりません。……神は、超絶的な存在で、存在を超えた無なのです。

ここに見られる「否定神学」のトーン、それに、「超絶的な存在」というような言い回しは、すでにわれわれがエリウゲナでも見たところで、さらにさかのぼれば、偽ディオニュシオスあたりからおなじみの、ひとつの発想の定型といってよいでしょう。(もちろん、こういった共通のバック・グラウンドの上に、エックハルト独特の発想・思考の形といったものもあるのですが、いまは立ち入らないでおきます。)

ところで、エックハルトは、今日では一般によく知られているとおり、アルベルトゥス・マグヌスを師として一三世紀スコラ哲学の素養を身につけ、内容的にはむしろスコラの正統にのっとった多くのラテン語の著作をも残しています。

一方、ドイツ語による説教は、当時の民衆的なベギン修道会の修道女や、在俗信徒を相手に彼らの日常語(同時に彼の母語)で平易・簡潔に語りかけたもので、異端の嫌疑を受けるほどに徹底した大胆な思索は、むしろこちらの場で展開されました。

ラテン語とドイツ語、スコラ学者相手と一般民衆相手、この二つの媒体を、エックハルトは、「下りの語り」(カタファティケー)、「肯定神学」と、「上りの語り」(アポファティケー)、「否定神学」に割り振ったというおもむきがなくもありません。

いずれにせよ、「否定神学」の伝統を徹底させながら、その思索を、学者語であるラテン語ではなく、俗語と交錯させた点で、エックハルトは、まぎれもなく、彼より五歳年下のダンテとおなじく、時代の転換を告げる人物のひとりでした。

第十一講　中世のヒュームと現代の反カント

あるものごとが認識されている、ということから、他のものごとがある、という判明な明証を、原理ないし第一原理の確証にもとづいて導くことはできない。

（オートゥルクールのニコラウス「アレッツォのベルナルドゥスへの手紙」）

こうして、この〈折り目〉のなかで、哲学は、新しいまどろみに入る。もはや今度は〈独断論〉のまどろみではなく、〈人間学〉のまどろみに。

（ミシェル・フーコー『言葉と物』）

カロリング朝ルネサンス以後、「ヨーロッパ世界の哲学」の最初の大きな切れ目が一四世紀にあるとすれば、つぎの切れ目はおよそ一七七〇年から一八二〇年にあると、わたくしは、この講義での時代区分の大枠をあらかじめ提示しておきました。

この二つの切れ目の間の時期（通常の歴史記述では「中世末」からルネサンス、宗教改革を含む初期近世、古典近世さらには啓蒙時代などといわれる時期)に起こったことと、またとりわけ二番目の切れ目のありようについて、これからしばらくお話しするに先立って、まず、いわばこの時期の両端あるいは入り口と出口のありようのおおよそのところを見ておきたい、というのが今回の講義の趣旨です。

二つのテクストを考察の手がかりとして掲げましたが、第一は、「中世のヒューム」といわれることもある一四世紀の過激な思想家オートゥルクール(ウルトリクリア)のニコラウスが因果連鎖の考えを否定したもの。第二は、皆様よくご存じの(これも相当過激な?)現代フランスの思想家・思想史家フーコーが、カントの「人間学」の構想を辛辣に批判したものです。

オッカムの哲学がその本性上そなえていた、批判的、懐疑主義的、伝統破壊主義的な傾向は、その学派において、つぎの世代に、激しく徹底した表現を見せました。

オッカムの地元オックスフォードもさることながら、この過激な展開において先頭を切ったのは、パリのノミナリストたちでした。その代表者が、ミルクール(ミレクリア)のヨハネスとまたとりわけオートゥルクールのニコラウスにほかなりません。

ミルクールのヨハネスは、シトー会(当時「白衣僧」と呼ばれた)の出の神学学士。一三四五年にパリ大学でペトゥルス・ロンバルドゥス命題集注解を講じ、その内容について同四七年パリ当局の神学者たちから四〇の命題に関連して異端宣告を受けます。

嫌疑の中心になったのは、ひとつには、善悪、あるいは罪(とその責任の主体)に関する問題でした。

すなわち、ヨハネスは、オッカムの唯名論と表裏一体をなす「主意主義」(voluntarismus＝行動の決定にあたって主要な役割を果たすのは「知性」でなくて「意志」であるとする説。「主知主義」の対極)を徹底し、神(の意志)は罪の原因であるとする神学的決定論を説いて、「神の善性」というキリスト教の基本的な教えの聖域に踏み込むことをあえてしました。

ミルクールのヨハネスは、また、「可知的形象」(「能動知性」の概念と表裏一体をなすものです)を、認識のはたらきは魂の偶有性にすぎないとして否定するオッカムの考えを、ここでもより徹底して、最高度の観念といえども、魂の様態にすぎぬとし、さらに、一般に、偶有性は存在せず、実体のみが存在すると考える可能性を示唆します。

ここで、(考えに展開を与えるために)、ヨハネスは、認識に第一、第二の序列を導入します。第一序列の認識は、分析判断とそこからの帰結からなるもの、それに自己の存在と外界の存在に関するものとされます。

だれにしろ、自己の存在を疑えば、この懐疑のはたらきを通じて、自己の存在を認めざるをえない。これを否定することは、自己矛盾におちいることになる。

第二序列の認識は、「経験」によるもので、外界の事物とその間の諸関係がこれによって知られます。しかし、この認識は完全に確実なものには達しえない。オッカムもそう認めたように、神あるいは何らかの被造者のわれわれの認識器官へのはたらきかけによって、外界の誤った像が生じることが可能だからです。

「世界の第一起動者」をはじめとする理由による「神の存在証明」は、こうして、ヨハネスによれば、すべて蓋然的なものを出ないとされます。

そこから、さらに一歩踏み込んで、ヨハネスは、(すぐのちに見るオートゥルクールのニコラウス同様)、信仰に反する箇条もまた蓋然的でありうる、ものによっては、信仰箇条以上に蓋然的でありうる、とまで主張します。

近世哲学についての知識を多少おもちの方ならば、すぐにおわかりのように、ここには、スピノザ、デカルト、カントなどをおもわせる思考のモチーフが、それもかなりの程度に完成された形で、それどころかときにはこれら近世哲学の代表者達をもしのぐほど過激かつ奔放に展開されています。

異端と認定された故に宗門の正史からはあまり重んじられることがないといった事情も当然影響してはいるのでしょうが、ともあれ、一四世紀、オッカムのつぎの世代くらいに、ヨーロッパの哲学は、概念装置からしても思考の組み立てからしても、一七、一八世紀に通じるモチーフをおおかた整え了えていたことを知っておいてよいでしょう。

おなじことは、いまひとりの唯名論派の代表的論客オートゥルクールのニコラウスにもあてはまります。

彼もまた、その教説が異端の疑いをかけられ、一三四〇年教皇ベネディクトス一二世によってアヴィニョンに召喚され、同四六年六〇あまりの命題に関して異端宣告を受け、関連文献を焼き、該当教説を撤回し、教職を追われます。(オッカム同様、バイエルンのルードヴィヒ王のもとに逃れたといういい伝えがあるのは、当時の政治的な勢力配置と新思想との相関関係を確認させるものでしょう。)

分析判断を真理の第一の基準においたミルクールのヨハネスとおなじく、オートゥルクールのニコラウスも、矛盾律を真理の第一の基準に立てます。

そして、第二の真理の基準ないし源泉として、内的経験ないし意識をあげるのですが、そこからそのはたらきの主体の存在を推論することも、また外界の事物の存在を推論することも拒否します。「知解するはたらきがあるから、知性があるとはいえない」、「人間の知性は、自然の光において、事物の存在の判然とした認識をうることはできない」等々。

すでに、ここに、「中世のヒューム」と呼ばれるにふさわしく、「心」を「知覚の束」にまで解体したヒュームの懐疑主義に通う思索が動きはじめています。

あるものごとが認識されている、ということから、他のものごとがある、という判明な明証を、原理ないし第一原理の確証にもとづいて導くことはできない。

という冒頭の引用は、これもヒュームと共通の因果律に対する懐疑・批判として具体化されるものですし、さらに、アリストテレスを名指しして、何らかの実体があることを推論すること一般の不当を衝く徹底したフェノメナリズムの立場からの批判にも通じるものです。

オートゥルクールのニコラウスは、また、デモクリトス的な原子論のコスモロジーを展開し、その基盤の上に一切の目的論をしりぞけるなど、趨勢としては一七、一八世紀になって時代の表面に浮上するような(そしてヒュームの思索にきわまるような)かずかずのモチーフを先取りしました。

さて、つぎにヨーロッパ世界の哲学のつぎの大きな切れ目に話が飛んで、冒頭のフーコーの引用です。

こうして、この〈折り目〉のなかで、哲学は、新しいまどろみに入る。もはや今度は〈独断論〉のまどろみではなく、〈人間学〉のまどろみに。

この文は、まず、「わたしは、ヒュームによって独断のまどろみから醒まされた」という、『プロレゴメナ』(哲学序説)の序文にある有名なカントのことばを踏まえています。

それと、つぎのような『論理学』序論にある、これまたよく知られたカントのことば。

世界市民的な意味における、哲学の領域は、つぎのような問いに総括することができる。

(1)私は何を知りうるか。
(2)私は何をなすべきか。
(3)私は何を希望してよいか。
(4)人間とは何か。

第一の問いには形而上学が、第二のものには道徳が、第三のものには宗教が、第四のものには人間学が、それぞれ答える。根底において、これらすべては、人間学に数えられることができるだろう。何故なら、はじめの三つの問いは、最後の問いに関連をもつからである。

この「人間学」が、かつてカントの批判したドグマティック(独断的)な形而上学にかわる新しいドグマであり、カントは、ここで、今度は「人間学のまどろみ」に入った、とフーコーは認定します。

「こうして、この〈折り目〉のなかで」、と引用の冒頭にありますが、これは、つぎの引用にある「経験的＝批判的二重化」のことです。

ひとが、自然、交換、あるいは言語表現をもつものとしての人間を、それ自身の有限性の基礎として、価値づけようとこころみる際の経験的＝批判的二重化。

生物学主義、経済学主義、言語学主義等々の「経験的＝批判的二重化」が、実際、とりわけ一九世紀以降今日にいたるヨーロッパ思想の人間把握において盛んにおこなわれた。しかし、そうした特定の経験科学によって立つことのない、無前提の（哲学的・「超越論的」）人間学などというものがはたして可能だろうか。これがフーコーの問いです。

今日、ひとびとはもはや消滅した人間が残した空虚のなかでしか思考することはできない。

フーコーは、カントの第二の「人間学のまどろみ」を醒ますべき、第二のヒュームにみずからを擬しているようです。

はたして、ここで、どのような思考の余地が残されているのでしょうか。

第十二講　能動知性の凋落

第一二番目の見解は、デュランドゥスのものであり、能動知性を立てる必要はないとするものである。というのは、可能態は現実のはたらきによって知られる。ゆえに、もし能動知性を立てるべきであるとするならば、心像(fantasma)に関するその現実活動のゆえにということになる。

（作者不詳の手稿〔一四世紀、バーゼル大学図書館古写本 B III 22〕）

われわれのすべての認識は感官から始まり、そこから悟性へと進み、理性において終わるが、理性を越え出ては、直観の素材を加工してそれを思考の最高の統一にもたらすべきより高次のものは、何ひとつとしてわれわれのうちには見いだされない。

（カント『純粋理性批判』）

今回もまた、「ヨーロッパ世界の哲学」にかかわる、一四世紀の変革期と一八世紀後半から一九世紀初頭にかけての変革期という、二つの大きな変革期における思考のありようの一端を示す二つのテクストを掲げました。

第一は、「能動知性」のありかたをめぐる一四世紀の作者不詳の古写本からのもの、第二は、人間の認識能力において「理性」の占める位置をめぐるカントの『純粋理性批判』の一節です。

いずれも人間の認識能力のありかたないし序列にかかわるこれら二つのテクストとその周辺をすこし照らし出してみることによって、二つの時期の変革の位置関係が、ある角度から、あらためてはっきりしてくるでしょう。

第一のテクストは、これを世に紹介したM・グラープマンによって、一三〇八年から一三二三年の間にドミニコ会に所属する一神学者によって書かれたと考証されているものです。

全体は、「幸福が知性のうちに存すると仮定して、それは、能動知性のうちに存するか否か」という問いをめぐる考察の形をとります。実際には、しかし、この問いに答えるためには、まず、能動知性のもたらすもの、ひいてはそもそも能動知性とは何かを知る必要があることが指摘され、この問題をめぐる考察が論考の大半を占めることになります。

すなわち、能動知性のありかたをめぐって、プラトンからアヴィケンナ、アヴェロエスを経てテオドリクス(フライブルクのディートリッヒ)、トマス・アクィナスのものにいたる一六の見解が紹介され、著者の立場から批判的に検討されます。

ここに引いたデュランドゥスの「能動知性」不要論は、列挙される見解のうちでももっとも過激なもののひとつといってよく、一四世紀の知的雰囲気の一端をよく示すテクストといえるでしょう。

デュランドゥス(聖プールサンのデュランドゥス、一二七五?―一三三四)は、ドミニコ会の神学者。パリ大学で教え、一三一二年アヴィニョンの教皇庁学校の教師として呼ばれる。しかし、反トマス・アクィナスの考えゆえに、教団内外から危険視され、異端の嫌疑を受ける。一三一四年教皇クレメンス五世は、デュランドゥスを教皇庁学校から追放。これは、一三二三年のトマスの列聖とトマスの公認思想化に連なる布石としての象徴的意味をもった出来事とされている。

というわけで、われわれは、すでに、オッカム、エックハルト、ミルクールのヨハネス、オートゥルクールのニコラウスといったひとびとが異端として糾弾された次第を見ましたが、ここにいまひとり、スコトゥスからオッカムにいたる中間の位置を占め、初期のノミナリストといわれるデュランドゥスが、正統から排除されるさまを見ます。

しかし、異端は、まさに異端であることによって、一四世紀という時代のはらむ緊張を体現し、また、同時代を超えてルターをはじめとする後世の思想家たちを触発しました。

さて、デュランドゥスの「能動知性」不要論の論拠は、冒頭に引用したかぎりでは、以下のものでした。

可能態は現実のはたらきによって知られる。ゆえに、もし能動知性を立てるべきであるとするならば、心像(fantasma)に関するその現実活動のゆえにということになる。

議論は、あらまし、つぎのようにつづきます。

その現実活動は、(1)印象を刻印するものであるか、(2)抽象するものかである。しかし、(1)印象を刻印する力は、それ自身、身体的・物体的であり、知性のはたらきには何の役にも立たない。(2)能動知性の活動が抽象を知らなければ、偶然と幸運にまかせてはたらくことになり、あるいは、もし抽象を知っていれば、その場合には「可能知性」(受動知性)が不要ということになるが、これは正しくない。

以上の論拠に対して、この論考の匿名の筆者は、この考えは、「哲学者」すなわちアリストテレスに反する、といい、さらに、「力が身体的・物体的」と一概にいっても、その基体において身体的・物体的であるが、その結果(効果)においてそうでなく、知性的であることを妨げない場合がある。また、能動知性は「抽象」を知らない、しかし、偶然まかせでなく、本性にしたがってはたらく、というように反論します。

いかにもこの時代のスコラ学者にふさわしい精緻な反論といえるでしょうが、仮にこの反論をデュランドゥスそのひとが目にする機会があったとしてみて、それで説得されて考えを改めたということがあろうとは、到底考えられません。

一三世紀には一般に広く受け入れられていたアリストテレス風の知性から、いわば「能動知性」という頭を小気味よく切り落として、経験的素材をもとにしたロック風の「抽象」(ちなみに、一三世紀までの通常の用法では、「抽象」は、経験的素材をもとにそこから能動知性によって供給される「可知的形象」を純化し洗い出すことを意味していました)をこととする「可能知性」(受動知性)だけで足りるとすることは、思考法の根本的な転換を意味し、「古い道」(via antiqua)に立つ反論など、おいそれと受け入れられるはずがないからです。

ともあれ、後世ロックらのイギリス経験論でのunderstanding(悟性)概念につながるあらたな知性概念が形をとる、まさにそのはじまりの時点にデュランドゥスの「能動知性」不要論は位置していたといってよいでしょう。

さて、つぎに、カントの『純粋理性批判』からの引用。「理性」の定義に関するよく知られた箇所です。つぎのようなものでした。

われわれのすべての認識は感官から始まり、そこから悟性へと進み、理性において終わるが、理性を越え出ては、直観の素材を加工してそれを思考の最高の統一にもたらすべきより高次のものは、何ひとつとしてわれわれのうちには見いだされない。

ここに、

理性―悟性―感官（感性）

という序列がはっきりと提示されています。

ドイツ語では、

Vernunft―Verstand―Sinn（lichkeit）

ラテン語では、

ratio―intellectus―sensus

ところで、（細かい問題はありますが、いずれ述べるとして）一般に広く認められた序列は、カントにいたるまで、

intellectus―ratio―sensus

でした。（ギリシャ語までさかのぼると、intellectus＝nous, ratio＝logos, sensus＝aisthēsis。）デュランドゥスが「能動知性」の頭を切り落としてから、四〇〇年あまり経って、カントが「知性」と「理性」の序列を最終的に逆転し、「知性」は、通常おこなわれている日本語訳では、「悟性」となりました。（このあたりの用語法は、近代ヨーロッパ諸語とりわけドイツ語では、いまだ十分整理されないままです。）

ここで、「知性」に代わって序列の先頭に躍り出た「理性」は、しかし、カントの批判哲学の有限主義によって厳しくその限界を定められていました。

「理性」（ratio）の覇権は、同時に、啓蒙流の「合理主義」（rationalism）の終焉を意味すると

いう、逆説的な事態がここにありました。

「今日、ひとびとはもはや消滅した人間が残した空虚のなかでしか思考することはできない」とフーコーはいっていましたが、「知性」が立ち去ったのですから、人間がいないくらいであわてることはないのかもしれません。

第十三講　バロックの哲学

実体形相の説にはしっかりしたところがあること。しかし、この形相どもは現象には何の変化も及ぼさないから、個々の結果を説明するために用いてはならないこと。

（ライプニッツ『形而上学叙説』）

ライプニッツ（一六四六―一七一六）は、いうまでもなく、デカルト、スピノザなどとならんで、近代ないし（古典）近世一七世紀を代表する哲学者であり、ニュートンらとともに近代科学の発展に貢献したことでも知られているひとです。

しかし、ライプニッツというひとには近代、モダンという枠におさまり切れぬところがあり、一八世紀の終わりから一九世紀のはじめにかけてのドイツで成立した範型にしたがう従来の多くの近世哲学史の叙述では、当惑のなさしめるところか、何となく準拠枠に合わせて寸法を切り縮められて、カントの先駆者といった、実際よりもいくらかマイナーな地位に甘んじるというきらいがなくもありません。

とはいえ、こうしたことが起こるのは、ライプニッツの罪というよりも、むしろ、近代(哲学)という準拠枠の概念のほうに無理があると考えるのが順当でしょう。「イギリス経験論」に対する「大陸合理論」という、もうひとつ細かいレベルの準拠枠でライプニッツの哲学を割り切るのも、いずれ見ていくようにおなじく多々無理があります。

ということは、今日(なお?)教科書的スタンダードとして通用している、こうした一連の準拠枠そのものの有効性をおのずから問うものがライプニッツのうちにあることを意味するにほかなりません。

では、この講義でこころみている「ヨーロッパ世界の哲学」とそのいくつかの変革期という準拠枠ではどうでしょうか。ライプニッツの哲学をこれまでとはちがった形で位置づけることができるか。できたとして、それが、一四世紀と一七七〇―一八二〇という二つの大きな変革期の間の哲学のありかたにどのような光をあてることになるのでしょうか。これから三回ほどかけて、こうした問題をテストケースとして考えてみたいとおもいます。

さて、冒頭の引用は『形而上学叙説』(一六八六)から。『叙説』は、四〇歳のライプニッツが後年の『モナドロジー(単子論)』にいたる自己独自の立場をはじめて確立した書物。引用はその第一〇節から。書物全体は三七節からなり、各節の冒頭には、ライプニッツが当時の学界の大立者A・アルノーに書き送ったその節の内容の要約がついています。引用は、一〇節のこの要約ないしテーマの提示の部分です。

詳細の説明に入る前に、いくらか先回りして、おなじ一〇節の本文の冒頭数行でライプニッツが述べるところをまず見ておくことにしましょう。

古代のひとびとだけでなく、数世紀前に神学と哲学を教え、深い省察に習熟していた多くの力量あるひとびと――そのうち若干のひとびとは聖性の点でも模範たりうる――も、われわれがいましがた述べたことをいくらか知っていたらしい。まさにそのことが、彼らをして実体形相を導入しまた主張することをなさしめたのであるが、この実体形相は今日ひどく評判が悪い。しかし、彼らは、大方のわれらが「新しい」哲学者諸君が考えているほど、ひどく真理から遠ざかってもいないし、見るも滑稽だというわけでもない。

右の文中、「われわれがいましがた述べたこと」とあるのは、さきの要約のことではなく、この節に先立つ八節、九節あたりでライプニッツが述べていることを指すとおもわれます。すなわち、(1)(スピノザの汎神論に対して)個的実体の存在を主張し、それをドゥンス・スコトゥスに由来する「このもの性」(という「形相」)――このものをこのものとして限定する多くの述語の束――で規定されるものとし、さらに、(2)個的実体のはたらきが、世界を「表出」することにあるとして、「すべての実体はひとつの完結した世界のようなもの、神の鏡あるいは全宇宙の鏡のようなものである」とする主張です。

「実体形相」とは、ある実体をしてその実体たらしめる形相を意味する(アリストテレス)スコラの概念ですが、このことを考え合わせると、とりわけ右の(1)の論点から、ライプニッツの実体形相を高く評価する考えがおのずから出てくるゆえんがおわかりいただけるでしょう。

さて、ところで、ライプニッツは、右の引用の冒頭で、「われわれがいましがた述べたことをいくらか知っていたらしい」ひとびととして、「古代のひとびとだけでなく、数世紀前に神学と哲学を教え、深い省察に習熟していた多くの力量あるひとびと――そのうち若干のひとびとは聖性の点でも模範たりうる――」をあげていました。

このうち「古代のひとびと」が、プラトンまたとりわけアリストテレスを意味することは、彼らが「実体」や「形相」といった哲学用語の創始者であることを考えれば、動かせないところでしょう。

では、「数世紀前に神学と哲学を教え、深い省察に習熟していた多くの力量あるひとびと」、についてはどうでしょうか。

一七世紀から数えて「数世紀前」といえば、当然一三世紀を中心とする盛期スコラの哲学者たち、ということになります。

事実、ライプニッツは、『形而上学叙説』の九節で、天使においてはすべての個体が最低種であるという意味のトマスの言葉を引用しており、また、さきにも触れたように、「このもの性」というスコトゥスの概念を(こちらは名前をあげることなしにですが)個的実体に関する重要な議論のなかで使っています。

「神学と哲学を教え、深い省察に習熟していた多くの力量あるひとびと」の筆頭にこの二人を考えて、まず間違いのないゆえんです。(「そのうち若干のひとびとは聖性(saintetè)の点でも模範たりうる」ということばが、かれらとその同時代の周辺のひとびとにあてはまることは、いうまでもないでしょう。)

以上のように考えてくると、ライプニッツが、ここで、中世末期のスコラ哲学やいわゆる近世スコラでなく、あえていえばそういったものによってかえって本来の意味が覆われ忘れられがちであった盛期のスコラ哲学の思考に立ち返り、その精神を継承しようとしていることが見えてきます。

古代(地中海世界)の哲学と、「ヨーロッパ世界」の盛期スコラの哲学の間に真の「共生」の関係があったとすれば、ライプニッツは、まさにこの「共生」の関係を受け継ぎ、それにあらたな展開をもたらそうと、孤独で反時代的な努力を、(しかし、いまや確信をもって)、つづけているのです。

(多分に衰退期のスコラ哲学のイメージを過去に投影してつくられた観のある)「中世」哲学からの「断絶」と「進歩」によって過度にへだてられた「近世」哲学という物差しでライプニッツを裁断することがいかに無理であるか、以上の大枠だけの説明によってもおおよそあきらかでしょう。

実際、ライプニッツを「近世」ないし「近代」の哲学者として捉えるくらいならば、むしろ、(ときにそうされるように)、かれを「バロック」の哲学者として捉えるほうが、はるかに事態に即している、とわたくしは考えます。

ライプニッツの哲学は、「ヨーロッパ世界」の文化の展開に即していえば、「近代」の哲学者であるよりはるか以上に、あのホフマンスタールが深く傾倒したカルデロンをはじめとする一七世紀スペインのバロック的特色を帯びた表現者の世界、あるいは時代はすこしさかのぼりますが、W・ジェイムズやベルクソンの思考を触発したアヴィラのテレサや十字架のヨハネの瞑想の世界の平行現象でした。

ライプニッツは、こうして、「近代」の哲学者であるよりはるか以上に、「ヨーロッパ世界の哲学者」と呼ばれるにふさわしいひとでした。(実際、ドイツ出身でありながらもっぱらフランス語とラテン語で著作した彼には、国民国家の制約が強くなる以前の最後の「ヨーロッパ人」のおもむきがあります。さらに、これまでの共通語であるラテン語にかえて、数学・数理論理学・普遍記号学の構想をもっていたことは、彼が、ヨーロッパの地域性やヨーロッパ中心主義を超えた「世界人」を志向していたといってもよいでしょう。)

ということは、とりもなおさず、さしあたり二つのことを意味します。

第一に、彼が、カロリング朝ルネサンス以来の「ヨーロッパ世界」の哲学の展開のなかで、一四世紀をピークとする変革にもかかわらず、一貫して生きつづけるいわば「常数」の部分を体現していること。

第二に、彼の哲学が(たとえば機械論的自然観その他の)近代哲学のスタンダードとされる準拠枠におよそおさまり切らぬことは、それが「近代」をまるごと相対化する(否定する、ではありません。早とちりしないでください。念のため)深さをそなえている(「ポストモダン」などということばが色褪せて見えるほどに)こと。(ライプニッツは千年単位の天才、カントは百年単位の天才、とわたくしがつねづね暴言を覚悟でくり返すゆえんです。)

まさにそのこと(個的実体が神と宇宙を「表出」すること)が、彼らをして実体形相を導入しまた主張することをなさしめたのであるが、この実体形相は今日ひどく評判が悪い。しかし、彼らは、大方のわれらが「新しい」哲学者諸君が考えているほど、ひどく真理から遠ざかってもいないし、見るも滑稽だというわけでもない。

さきに引用したくだりの後半で、ライプニッツはこのようにいっていました。このことばのもつ反時代的な重みについて、もはやくどくど申し上げるまでもないでしょう。「われらが新しい哲学者諸君」(nos nouveaux Philosophes)の「われらが」という表現には、自分もいっときはたどってきた「近代哲学」の道(ガッサンディ流の原子論によったことがある云々の自伝的記述が『実体の本性および実体の交通、ならびに心と物の間に存する結合についての新説』（一六九五）にありますし）を行くものたちへの親しみと、新しがってみてもそれだけ真実に近いわけではないというかすかな揶揄の調子がこめられているようにおもわれます。

さて、ここで、本講冒頭の引用にもどります。つぎのようなものでした。

実体形相の説にはしっかりしたところがあること。しかし、この形相どもは現象には何の変化も及ぼさないから、個々の結果を説明するために用いてはならないこと。

ドゥンス・スコトゥスそのひとではなくて、一四世紀のスコトゥス派の「実在論」者たちが、オッカム派の「唯名論」に対抗するに急なあまり、普遍者あるいは普遍概念を過度に実体化して、かえって真の「実在論」の成立場面を忘却の彼方に葬る結果になったこと、以上のことについては、パースのテクストを説明する際に述べました。（ちなみに、パースは、ライプニッツから深く影響された、どちらかといえば少数の先駆者のひとりでした。）

「この形相どもは現象には何の変化も及ぼさないから、個々の結果を説明するために用いてはならない」というライプニッツのことばは、さしあたり、みずから墓穴を掘るおもむきのある、この手の衰退期「実在論」者流の「形相」の乱用をいましめたものと理解することができるでしょう。

しかし、より積極的な主張内容として、このことばが、すでに何度か触れたライプニッツ独特の「表出」概念の理解と深く関連すること、もうすこしくわしくいえば、(微分方程式とその解といった)表出におけるレベルの差という考えと深く関連すること、これらのことについては次講以降にお話しすることにしましょう。

第十四講　スペイン的心性の反照

そして、これらの実体のおのおのは、自分なりの仕方で、ある一つの視点から宇宙全体を厳密に表現する。そして、この外界の事象の表象ないし表出は、精神自身の諸法則の力によって定められた時と位置に、あたかもそれだけ独立した世界ともいうべき精神のなかに起きるように、起ってくるので、また、〔はるか高みにおよぶ崇高な精神をもち、その聖性を公に讃えられている〕ある人物のいいかたを借りれば〕、あたかもそこに神と〔私の〕精神のほかには一切なにものも存在しないかのように起ってくるので、これらすべての実体の間には完全な一致・調和が存するであろうことになり、これによって、大方の哲学者たちが思いなしているような、形象あるいは性質の伝達による実体相互の交流によって得られるのとおなじ結果が、得られることになる。

（ライプニッツ『実体の本性および実体の交通、ならびに心と物の間に存する結合についての新説』）

すでに、前講でもすこし触れた、『実体の本性および実体の交通、ならびに心と物の間に存する結合についての新説』(一六九五)という長い名前の論文から、ひとつのくだりを今回の講義の手がかりとして引きました。この著作は、ライプニッツが、『形而上学叙説』発表ののちにアルノーとの書簡を通じての度重なる討論を経た上で満を持して公にしたもので、短いものですがすでにライプニッツの円熟した考えの表白として重要なドキュメントです。

引用はこの『新説』の第一四節から。(『新説』は、全体で一八節からなります。)

すこしセンテンスが長くて読みにくいので恐縮ですが、引用のくだりが、個的実体による(全)宇宙の表出ということをとりわけての主題とすることは、前講で述べたことをおもい合わせてくださるまでもなく、容易におわかりいただけるでしょう。

さらに、多少ライプニッツの哲学のアウトラインについて心得のある方ならば、引用の後半の部分が、たがいに表出し合いながらおのおのがその独立をたもつ諸実体の間の「予定調和」という、ライプニッツのキー・コンセプトのひとつにかかわるものであることがおわかりのことかとおもいます。(なお、ここでは、「表現」(représentation)、「表象」(perception)、「表出」(expression)の語は、格別の区別なしに使われています。訳語の使い分けには、見方によって問題がないわけではありませんが、ひとまず河野與一訳の用法にしたがっておきます。)

さて、「表出」や「予定調和」についてはのちにすこしくわしく見ることにして、引用のテクストをお目にかけたのは、そうした主題もさることながら、まずさしあたっていえば、それが、ひとつの重要な歴史的ドキュメントとなる部分を含んでいるからにほかなりません。というものの、何も気をもたせるほど込み入ったことではなく、それに一般にごくよく知られていることですから、端的に申します。

ことがらは、引用文中のつぎのくだりにかかわります。

（はるか高みにおよぶ崇高な精神をもち、その聖性を公に讃えられているある人物のいいかたを借りれば）、あたかもそこに神と〔私の〕精神のほかには一切なにものも存在しないかのように起ってくるので……

実は、『形而上学叙説』の三二節でも、出てくる文脈は多少ちがいますが、すでにほぼ同趣旨のことがいわれていました。すこし長くなりますが、引用します。

また、実体はすべて完全な自発性（知性的実体においてはそれは「自由」となる）をもっていること、実体に起ることがらはすべてその観念ないし存在から帰結すること、もっぱら神のみを措いては何一つ実体を決定するものはないことがわかる。そうであればこそ、並はずれて気高い精神をもち、その聖徳を崇敬されているある人物が、つねづね、「魂はしばしばあたかも世界のうちに神と自分だけしか存在しないように考えざるをえない」と言っていたのである。

この二つのテクストで、「あたかもそこに神と〔私の〕精神のほかには一切なにものも存在しないかのように云々」という考えの持ち主として、ライプニッツが再度にわたって言及している「ある人物」は、アヴィラのテレサにほかなりません。

ライプニッツは、一六九六年、パリの古銭学者モレルにあてた手紙で、テレサの著作のなかにこの考えを見いだし、また、それが、「哲学における重要な思索をさえもたらして、私は自分の仮説のひとつにそれを利用した」といっているのです。

前講で、わたくしは、ライプニッツを、「近代人」というよりは、「バロック」のひとといったほうがまだしもはるかに適切だろうという意味のことを申しました。

ライプニッツは、精神的血縁において、デカルトやニュートンの同胞であるよりは（もちろん、あまねく周知のそうした血縁を否定するわけではさらさらありませんが）、むしろ、カルデロンやセルヴァンテスや、さらには、アヴィラのテレサや十字架のヨハネの平行現象なのです。

一六、一七世紀のスペインは、「近代」ヨーロッパのなかにあって、ここだけはいまだに中世の時間が流れていた不思議な（魅力に満ちた）世界であった、というようにしばしば性格づけられます。（ホフマンスタールやエリオットやジェイムズやベルクソンやその他多くのひとびとを引きつけた魅力です。)

アナクロニズムといえばアナクロニズムでしょう。しかし、真性のアナクロニズムが、深く射程の長い時代批判の意味を帯びる場合があることに、もちろんここでは留意すべきでしょう。

たとえばセルヴァンテスのもっていた苦いアナクロニズムの自意識とそれほど異質でない複層的な屈折をはらんだ時代感覚をライプニッツがもっていたと想像してみても、それほど見当ちがいではないとわたくしは考えています。(近代哲学の大家という既成のレッテルが、このあたりの認定をかえってむずかしくしているということもあるでしょう。)

アヴィラのテレサは、有名な『自叙伝』(一五六一)や『完徳の道』(一五七四)などの著作によって、「偽ディオニュシオス文書」以来カロリング朝ルネサンスを経て脈々と伝わる、神との合一にいたる魂の体験の階梯の教えの伝統に、あらためて生命を吹き込んで蘇らせました。ライプニッツは、このテレサのことばに深く触発され、影響されて、それが、「哲学における重要な思索をさえもたらして、私は自分の仮説のひとつにそれを利用した」とまでいったのでした。

この伝統の継承においてライプニッツのもたらしたあらたな展開は、きわめて重要です。すなわち、ここで、偽ディオニュシオスやエリウゲナ以来の「テオーシス」(神化)の伝統は、一層徹底されて、あらたな個体把握と結びついた。「神と全宇宙の生ける鏡」であり、「完全な自発性をもって」、その個体に「起ることがらはすべてその観念ないし存在から帰結する」ような、小宇宙としての個的実体の把握です。

小宇宙としての個体ないし個的実体の把握というだけならば、しかし、すでにいくらか見たように、これも古くからあり、特別めずらしいものではありません。ライプニッツの個体把握の独自性は、彼が、それを盛期スコラの個体把握をめぐる議論、とりわけドゥンス・スコトゥスのそれと結びつけて、その延長上であらためての展開をはかったことにあります。

「このもの性」(haecceitas)、このものをしてこのものたらしめる一種の「実体形相」を、ライプニッツが積極的に取り上げて生かすことをこころみていたことについては、すでに前講でその一端を見ておきました。

では、個(体)ないし個的実体の把握のこのあらたな展開によって、何が起こり、また何が可能になったのでしょうか。じっくり述べると長くなるので、さしあたり箇条書きにしてみましょう。

(1)いわばテレサとスコトゥスを重ね合わせたこの個体把握は、唯名論と神秘主義の両極分解(知的いとなみと宗教体験の両極分解といってもよい)という一四世紀このかたの思想状況のただ中で、一気にそうした両極分解以前の盛期スコラの思考に断固として立ちもどろうとする姿勢のあらわれであった。

(2)個体をスコトゥスにならって、(汲み尽くしえないものではあれ)「形相」として把握することは、個的体験(宗教体験を入れてもよい)を語りえない「質料」の位置に追いやることなく、明晰に語りうるものはあくまで語るようにつとめる主知主義的な姿勢に連なる。(はじめから明晰知の基準をもうけて、それに合わないものを切り捨てる合理主義ではない。)(ここから、近代(自然科学)の知へのライプニッツの深い理解と同時に、また「蓋然的」なものにかかわる、リベラル・アーツの諸部門、言語学、歴史等々へのなみなみならぬ関心と深い理解も出てくる。)

(3)こうした個体把握は、ライプニッツも引いていた「天使にあっては、各個体が最低の種」とトマスのいう、その「天使」の位置にまで、スコトゥスを継いで、人間(その他の被造物)を昇格させることになり、ここにきわめて高い「個」の自覚が達成されることになる。

この個体把握は、個と普遍を分断し、「個(体)をもって足りる」として、普遍者をフィクションの領域に追いやったオッカムのそれとは(重なる部分がなくはないが)別物である。(啓蒙(の制度論)からロマン派にいたる近代的な個の概念は、オッカム流を圧倒的基調として、ところどころライプニッツ流がないまぜになっている、というところだろうか。)

(4)ライプニッツ流の個体把握では、そもそも個と普遍が分断されていないので、(メルロ－ポンティの「キアスム」(交差反転)の概念など思い出される向きもあるでしょう)、個と普遍のかね合いのありかたについて、さまざまな形の多元論的な思考が可能となる。たとえば、ライプニッツの深い影響を受けたヘルダーの文化多元論の思考などは、こうした展開のよい例といえるだろう。(ライプニッツ自身、中国の哲学にオリエンタリズム風の愚民観にとらわれない関心を示している。)

さて、ライプニッツの個体把握のありかたとそのしからしめるところについては、ひとまずこのくらいにしておきましょう。

一方で、アヴィラのテレサの神秘体験に深く触発されて、完結した小宇宙という個体概念形成の重要な動機をそこから与えられ、他方で、「このもの性」にきわまる盛期スコラの「実体形相」の概念を、圧倒的な時流に抗してあえて復権して重ねるところに、あらたな焦点を結んだこの個体把握。

この個体把握を具体的に展開する手だてを提供したのが、すでに何度か触れながら立ち入ってお話しする間のなかった「表出」と、それに関係する一連のキー・コンセプトです。

次講は、そのあたりについてお話ししましょう。

第十五講　力学論争との交錯

力と運動量の区別は重要である。とりわけ、「物体のさまざまな現象を説明するためには、延長からはなれた形而上学的考察によらなければならない」という判断を下すために重要である。

（ライプニッツ『形而上学叙説』）

ライプニッツの没後にまで、デカルト派とライプニッツ派の間で長いことつづいた、「活力論争」の名で知られる力学上の論争がありました。

もともと、デカルトの『哲学原理』のなかの一節に端を発するもので、複数の物体が衝突によってエネルギーをやりとりした後で、全体として変わらずに保存される量はどのようにあらわされるか、という問題をめぐるものです。

デカルト(派)は、その量を mv すなわち質量と速度の積とし、ライプニッツ派は、mv^2 すなわち質量と速度の二乗の積としました。

先回りして、論争の解決についていえば、一八世紀のなかば近くに、あのフランス百科全書で有名なダランベールが$\frac{1}{2}mv^2$が正しい答えであることを示し、しかし両派の論争は各々が（運動量と運動エネルギーという）別なものをはかっているので、論争として成立しないという解決を下しました。（ちなみに、カントがケーニヒスベルク大学での学業を了えるにあたって草した大部の処女作『活力測定考』（一七四七）は、長らくつづいていたこの論争の調停・解決をこころみたものです。カントは、しかし、すでに出ていたダランベールの解決を知らなかったので、この論文は、自然科学の論文としては失敗作と通常見なされています。）

さて、というわけで、この「活力論争」は、たんに力学、物理学の問題にかかわるというよりも、むしろ、見方によってはそれ以上に、哲学・形而上学の問題にかかわる論争として、（いいかえれば、自然科学の問題も、形而上学的概念枠から中立でも無縁でもありえないことを示した論争として）、重要なものでした。

冒頭の引用は、この論争の一方の当事者となるライプニッツが、ここではとくに形而上学の観点から、デカルトを批判しつつ、みずからの立場をあきらかにしているものです。（『形而上学叙説』とおなじ年（一六八六）に、ライプニッツは、おなじテーマを力学プロパーの問題として詳細に展開した論文を発表しています。）

「力と運動量の区別は重要である。」

という冒頭の一句の「力と運動量」が、（ライプニッツの立場である）mv^2と、（デカルトの立場である）mvを、それぞれ意味していることは、さしあたってあきらかでしょう。

問題は、その形而上学的含意です。

つづく一文が、そのことをはっきり述べていました。

「とりわけ、「物体のさまざまな現象を説明するためには、延長からはなれた形而上学的考察によらなければならない」という判断を下すために重要である。」

「延長からはなれた形而上学的考察」という一句が、「物体(的実体)」の属性を「延長」にほかならないと明言して(そこから「実体形相」を追放した)デカルトに対する批判をこめていわれていることはたぶんおわかりでしょう。

「力と運動量」、mv^2 と mv の対立の背景には、物体のはたらきの由って来るところを「力」と見るか、「延長」と見るかの対立、「力」の形而上学と「延長」の形而上学の対立があります。(mv のような単純な延長の積のほうが、「延長」の形而上学からすればより原初的な量と見なされる、といってよいでしょうか。)

一方、「力」のほうは、物体の現象(とりわけその変化)を生み出しあるいは生成する、いわばそれ自身は目に見えない原動力、あるいは原理と考えられます。(この観点からすれば、それが数学的に定式化されたときに、(mv^2 のような)一見直観から遠い形をとることは、それが派生的あるいは二次的であることをすこしも意味しないのです。)

ライプニッツは、さきに見た「実体形相」を、ときにアリストテレスの用語を借りて「エンテレケイア」と呼んだり、また「原始的力」といいかえたりしています。

ライプニッツが考えていた「力」は、たしかに形而上学的原理ではありましたが、曖昧で神秘的なところなどすこしもなく、現象（の変化）を生み出しあるいは生成する原動力あるいは原理を意味する以外の何ものでもなく、ある種の現象については数学的に定式化することが可能なものでした。（彼が考えていた個体の宇宙的体験が、すこしも神秘的なものではなく、ある意味で知的明晰のきわみであるのと、事情はおなじです。それは、宇宙を生成する高次の原理としての「原始的力」を見ることなのですから。）

さて、ここまで見てくると、ライプニッツの哲学あるいはより限定していえば実体論で、すでに何度か触れた「表出」という概念がどうしてそれほどに枢要な位置を占めるかが容易に理解できるようになります。

アルノーの問いかけに答えて、ライプニッツは、一六八七年の書簡のなかのよく知られた一節で、つぎのようにかれの「表出」概念の定義を与えています。

（私の言葉で）一つのものが他のものを表出するというのは、一方についていえることと他方についていえることとの間に、恒常的法則的関係が存するということです。たとえば、遠近法的投影図はその実測図を表出しているというように。

「遠近法的投影図」と「実測図」の間には、たしかに、一定の「恒常的法則的関係」があります。

その関係は、たんなる「模写」や「模型」のもつ原型への忠実さ(距離あるいはその比――「延長」!――の保存)ではなく、(極端な場合、ある長い直線が点に投影されるというように)より柔軟でダイナミックなものですが、両者の間の「恒常的法則的関係」、あるいは両者を生成する共通の規則は、(今日いう射影幾何学の式によって)書くことが可能です。(パスカルの「円錐曲線論」(楕円、放物線、双曲線など円錐の切り口としてあらわれる一連の曲線の生成規則の研究)を承けて、ライプニッツは、のちの射影幾何学やさらにはまたトポロジー(ライプニッツは「位置解析」と呼んだ)に連なる先駆的な構想をいだいていました。)

ライプニッツのいう「表出」とは、こうして、ただたんに写し取るとか模写するというのとはちがって、「表出するもの」と「表出されるもの」の間に両者をともに生成する一般規則が書けるような関係があることを意味することがあきらかです。

ライプニッツが実体は「力」であるというとき、このような生成規則による諸現象の生成を考えていたとおもわれます。

アリストテレス以来の「形相」の概念をも、ライプニッツは、間違いなくこうした生成規則と重ね合わせて理解していました。

ライプニッツは、論理学の領域で、アリストテレス以来の画期的な業績をあげたということがよくいわれますが、「形相」概念のダイナミックな展開というこの点を考えれば、哲学の領域においても同様のことをいってもいいすぎではないでしょう。

ところで、ライプニッツは、さきに引用したアルノー宛の書簡で、つづけてつぎのようにいっています。


表出はあらゆる形相に共通であって、自然的表象や動物的知覚や知性的認識を種として包括する一つの類なのです。


これによって見ると、ライプニッツが、一方で、人間の知性による宇宙の認識を「表出」の典型として考えながら、他方で、「表出」一般を宇宙そのものを生成する法則の「力」として考えていることがあきらかであるといってよいでしょう。（ちなみに、右の引用中「自然的表象」とあるのは、たとえば、河原の岩石の磨耗が長年の水流を「表出」し、あるいは向日性の植物が日光を「表出」する、というような場合のことでしょう。）

ここまで考えてくると、ライプニッツが(ニュートンとならんで独立に)創始した微分積分学の方法が、これまた当然、以上に見た生成規則の定式化のための探究の一環であることがわかります。

ライプニッツは、この方法を、「逆接線の方法」と呼んでいますが、接線やその微分係数から出発してもとの曲線を再構成し生成する一般規則の探究と考えていたのです。

ひとしくそれぞれ独立に微積分を着想しながら、それを「流率法」と呼んで流体の再構成の方法として構想したニュートンとライプニッツとでは、解釈に大きなちがいがあること。このことが両者の記号法のちがいを生み、（今日使われているのはライプニッツのもの）、また、「空間」や「法則」概念のちがいを生み、両学派間での論争にも発展したこと。（しかし、ニュートンの空間概念を採用したカントの例にも象徴されているように、近代の科学・哲学の展開を通して、正統とされたのはデカルト―ニュートンの線であったこと。）これらのことは、今日常識に属するかもしれませんが、念のために一言します。

自然法則が微分方程式の形で書けるということは、自然現象の生成をそれによってシミュレートできることをいうにほかなりません。

シミュレーションは、あくまで絶対完璧なものではなく、法則は近似的なものを出ないとライプニッツは考えていました。（パースのいう「非限定」ということでしょう。）

ところで、第十三講で引用した『形而上学叙説』の一節で、ライプニッツは、実体形相は現象にまったく変化をおよぼすことがないので、けっしてそれを個々の結果を説明するために用いてはならない、という意味のことをいっていました。

これまでの考察を踏まえてみると、ここでライプニッツがいわんとすることをあらためてはっきりと理解することができます。

すなわち、ここで、ライプニッツは、「実体形相」は形而上学的な原理だから、それをけって現象の説明に用いてはならない、といっているわけではなく、ただ、「個々の結果」(effets particuliers)の説明に用いてはならない、といっているだけです。

ということは、生成規則はそのレベルがあがるほど、当然一般的包括的なものになるので、直接個々の結果の説明ないしシミュレーションには使えない。そのためには、いくつもの係数や常数の導入や手直しが必要となる、ということをいうにほかなりません。

ライプニッツのいわんとするところは、これ以上でも以下でもないとおもわれます。

さて、最後に一言。

intellectus—ratio—sensus という、人間の認識能力ないし心の能力の伝統的な序列のうち、ライプニッツでは、ratio すなわち理性が比較的重要視されました。

ratio のもうひとつの意味は「比」で、個々の量でなく関係や全体を重んずるライプニッツの数学的な生成規則のなかでは、それが当然重んじられるからです。

ratio を重んずるこの流れは、クリスチャン・ヴォルフに受け継がれて、その rationalism すなわち合理主義を生むことになりますが、ライプニッツの思考には、いささか平板化されたその種の合理主義にはなじまぬものがありました。

では、ライプニッツの思考は、むしろ intellectualism というべきなのでしょうか。

そういってもよいとはおもいますが、intellectus ということばは、すでに見たデュランドゥスやオッカムによる「能動知性」の切り捨てや形骸化このかた、この語が一三世紀くらいまでは保っていた本来の豊かな意味を失って、もうその意味内容をあらわすことばがライプニッツの時代にはなくなっていましたので、intellectualismということばは、ここでは、いくらか空しくひびく、という注釈をつけた上でのことです。

ライプニッツも、このあたりの事情はすくなくともうすうす感づいていたので、「能動知性」が歴史の舞台から立ち去った後のいわば意味論的空白を、「能動的力」、「エンテレケイア」などということばでアド・ホックに埋めようとしたのではないでしょうか。

第十六講　縮約された宇宙、縮約された概念装置

　すべての被造物は、あたかも有限なる無限、あるいは造られた神のようなものである。神は、すべてのものが神のうちにあるゆえに、すべてのものをみずからうちに内含(com-plicare)し、また、神自身がすべてのもののうちにあるゆえに、すべてのものを展開(ex-plicare)せしめる。

（ニコラウス・クザーヌス『学識ある無知』）

ニコラウス・クザーヌス(一四〇一―六四)。従来の時代区分では、中世と近世の移行の時期に活躍し、ジョルダノ・ブルーノ(一五四八―一六〇〇)などにも通じるルネサンス的宇宙観を展開した哲学者・神学者・教会法学者・法制史家として、知られる。

ドイツ西部、モーゼル河畔のクーサに生まれ、早く、当時盛んであった「モダンな敬虔」(devotio moderna)の運動に共鳴し、ボナヴェントゥーラ『魂の神への道程』、ジェルソン『神秘神学』などから深い影響を受けた。のち、ハイデルベルクについでパドヴァに学び、当時流行の唯名論の社会哲学に触れ、他方また人文主義の伝統や、数学・自然科学を学び、教会

分裂(シスマ)の下にあるヨーロッパ世界の統一と統一の原理とを求めて腐心する。

一四二四年、教会法令博士の学位を得て学業を終え、ローマ、ケルン、マインツで法律家として多くの事件の調停にあたる。のち、ケルン大学に所属、同僚ハイメリクス・デ・カンポの影響によりアルベルトゥス・マグヌスを知り、その「偽ディオニュシオス文書」注釈などにも触れ、「反対の一致」の着想を得る。その後、バーゼルの公会議でながらく重要な地位を占め、時局にかかわり世俗・宗教におよぶ諸問題の調停にあたる。処女作、『普遍的合同』(一四三三／三四)は、この期間に書かれたもの。

一四三七年、トルコ帝国の圧力の前に滅亡に瀕した東ローマ帝国のギリシャ東方正教教会から、教会合同を求めて使節団が公会議開催の地バーゼルに送り込まれてきた。教皇派に立場を変えたクザーヌスは、やがて、教皇使節団の一員としてコンスタンチノープルの地に向かい、交渉で重要な役割を演じるとともに、この機会を利用して、プラトニズム関係のものをはじめとする、多くのギリシャ語写本の探索に成功する。

「学識ある無知」という、「反対の一致」とならんでクザーヌスのキー・コンセプトのひとつをなす概念の着想は、この旅行の期間に得られ、実を結んだといわれている。この概念は、また、思想史的関連についていえば、エックハルトとのあらためての対決を経て形成されたものでもあった。

おもな著作に、『学識ある無知』(一四四〇)、『推測について』(一四四〇)、『神のヴィジョンについて』(一四五三)などがある。

以上が、今回冒頭に引用したテクストの作者ニコラウス・クザーヌスについての事典風の情報です。長くなりましたが、多少この人物の時代とその背景を知っていただくことは、この際、思想内容の理解と位置づけのためにすくなからず益するところがありえようと考えて、煩をいとわずに摘記してみました。

ニコラウス・クザーヌスは、ルネサンスの多元的宇宙観の先駆者として、さきに述べたように、ジョルダノ・ブルーノあるいはカルダーノらに影響を与えたことで知られていますが、彼の思想は、のちに見る数学上の着想まで含めて、ライプニッツの考えに通うものを多く含んでいます。

実際、ライプニッツはクザーヌスをよく知り、かつ尊敬し、形而上学から数学にいたる分野ですくなからぬ影響を受けていたことが、今日の研究では知られています。

ライプニッツも含めた、一五世紀から一七世紀というこの時代のある発想のタイプのありかたをあらためて見きわめ、「ヨーロッパ哲学」の展開におけるその位置づけについて重要な諸点を確認あるいは再確認しておきたい、というのが、わたくしが、ここで時代をいくらかさかのぼって、クザーヌスを取り上げた理由です。

さて、引用のテクスト、くり返せばつぎのとおりでした。

すべての被造物は、あたかも有限なる無限、あるいは造られた神のようなものである。神は、すべてのものが神のうちにあるゆえに、すべてのものをみずからうちに内含(complicare)し、また、神自身がすべてのもののうちにあるゆえに、すべてのものを展開(explicare)せしめる。

内含し(complicare)、展開する(explicare)というひと組みの対をなす語が、ここでのキー・ワードでもあり、クザーヌス哲学全体のキー・コンセプトでもあります。ちなみに名詞形は、内含(complicatio)、展開(explicatio)。動詞 plicare は、「たたむ」、「たたみ込む」を意味しますので、complicatio は、幾重にもたたみ込み縮約すること、explicatio は、そうしてたたみ込まれたものを一つ一つ襞をほぐしながら展べ開くこと、くらいの意味でしょう。

「すべての被造物は、あたかも有限なる無限、あるいは造られた神のようなものである。」すべての被造物が、みずからのうちに、全宇宙と神を潜在的に含む。すべてのものをみずからのうちにたたみ込み、縮約し、内含する「神自身がすべてのもののうちにあるゆえに」、神の力に動かされて、すべてのものは、みずからのうちから全宇宙を解き拡げる。

さきの一文の意味するところは、およそこのようにパラフレーズすることができるでしょう。

神とあまたの被造物によって繰り広げられる多元的宇宙の、大変美しくまたダイナミックなヴィジョンです。(ライプニッツの「表出」の概念に連なっていく思考のモチーフが、ここにあらわれていることが容易におわかりでしょう。)

ノミナリズムの個体の哲学と、そこからする個の尊厳を重んずる民主主義的な思想に深く触発されながら、一方で新プラトン主義的な偽ディオニュシオス、エリウゲナ、ボナヴェントゥラ、そしてとりわけアルベルトゥス・マグヌスらの影響を受けて重ね合わせるところに、この独自の(社会哲学的含意にも富む)個体の哲学が形成されました。(ドゥンス・スコトゥスの個体論に決定的に影響されたライプニッツにくらべて、クザーヌスの場合は、(より新プラトン主義的な色彩の強い)アルベルトゥス・マグヌスが、ノミナリズムからもいわゆる神秘主義からも一定の距離を取る足場を提供していることに、この二人の考え方のちがいを定めた最大の要因を見ることができるかもしれません。)

さて、クザーヌスの神は、宇宙のすべてを「内含」するゆえに、それは、当然の帰結として、すべて対立するもの、矛盾し相容れぬものをそのうちに含むということになります。

神は、「対立するものどもの内含とそしてそれらの一致」にほかならない、とクザーヌスはいいます。

一般に、「反対の一致」(coincidentia oppositorum)の定式の形で知られている、クザーヌスのキー・コンセプトです。

「反対の一致」の考えは、すでにアウグスティヌスに見られるものですが、歴史的つながりとしては、アルベルトゥス・マグヌスに親しんでいた頃に、(その影響によって)クザーヌスがこの着想を得たという事実がここでは重要でしょう。

神は、「反対の一致」として、無限者として、あらゆる対立を超えたものとしてある。ということは、とりもなおさず、それが知識によってとらえられないものとして、有限な知によるあらゆる限定を超えたものとしてあることにほかならないということになりましょう。

コンスタンチノープルへの旅行の帰途にクザーヌスが着想を得たとされる「学識ある無知」(docta ignorantia)の考えは、こうした思考の文脈に仕上げを与えるものにほかなりません。

すべての学的思考の行き着く果てに、もはやことばであらわすことのできない、しかしかぎりなく充実した「無知」という形をとった、絶対者の世界への参入がある。

クザーヌスは、ここで、はっきりと自覚的に、偽ディオニュシオスからエリウゲナを経てくる、「否定神学」(アポファティケー)の伝統を受け継いでいます。

しかし、クザーヌスの場合には、エックハルトの深い霊的体験に根ざした否定神学の思考のあらたな掘り下げを承け、またとりわけ、「内含」—「展開」の概念を核とするコスモロジーを背景として、「否定神学」の思考は、ひとつのあらたな展開を見たといってよいでしょう。

クザーヌスも、また、伝統にしたがって、intellectus—ratio—sensusという人間の認識能力の序列の考えを取りましたが、有限な限定された世界の知は、主としてratioに割り振られ（ここでの基準は矛盾律）、intellectusはむしろ限定された知を超えた「反対の一致」、「学識ある無知」にかかわる知的直観の能力として捉えられました。

能動知性がかつてもっていた、高度の宇宙的はたらきは保存されましたが、「可知的形象」とか「共通本性」といったものとの知的かかわりのほうは、いわば「知性」概念の過度の単純化の結果、抜け落ちてしまったのです。（ヘーゲルの弁証法の基盤は、このあたりでの概念装置の整理によってすでに整えられていたのかもしれません。）

ここでの「知性」概念の純化は、一五世紀の「ヨーロッパ世界の哲学」の大変豊かな展開のひと齣にほかならなかった、といえるでしょう。しかし、如何せん、その力業が、いささか過度の純化によって概念の内実を痩せ細らせてしまったので、以後能動知性の遺産を「知性」概念のうちに生きて保存し、「受動知性」の系統を引くノミナリズムの「知性」と拮抗する道を確保するにはいたらなかったように見受けられます。（後世、スピノザの「神の知(性)的愛」や、シェリングの「知(性)的直観」の概念の場合も似た事情でしょう。）

クザーヌスは、数学・自然科学の分野でも多くの仕事を残し、たとえば、図形の「次元」の考えを「展開」の概念に関係づけ、（ライプニッツの微積分と「表出」の関係づけに対応）、自然認識が「推測」を出ぬゆえんを説き、（ライプニッツやパースの先駆）、等々の注目すべき着想を示しています。

クザーヌスの多元的宇宙論、個体論は、異質な主張の調停、異文化間の寛容に通じるもので、実際、彼は、東方教会との調停のみならず、ユダヤ教やイスラム教に対する寛容をも説きました。（乱世にあって、寛容を説き調停につとめた点は、ライプニッツとおなじです。後世レッシングの『賢者ナータン』などの場合よりも、はるかに緊迫感がありました。）

第十七講 「類似」と人間の終焉

一六世紀のおわりまで、西洋文化の知においては、「類似」が構築する役割を演じてきた。

（ミシェル・フーコー『言葉と物』）

それゆえ、サルトルは、歴史にたいして、あたかも未開人が永遠の〔神話的〕過去にたいするのとおなじ位置を占めている。サルトルの体系では、歴史がまさに神話の役割をはたしているのである。

（レヴィ＝ストロース『野生の思考』）

一九六〇年代という時代は、哲学にとって大きな変革期、あるいはすくなくとも大きな変革期をおもわせる予兆をすくなからずはらんだ時期でした。

この時期とその周辺の、文字通り一時期を画する「エポック・メーキング」な著作を、おもいつくままに拾いあげてみても、ガダマー『真理と方法』(一九六〇)、オースチン『言語と行為(いかにしてことばでものごとを為すか)』(一九六二)、トマス・クーン『科学革命の構造』(一九六二)、レヴィ＝ストロース『野生の思考』(一九六二)、同『生のものと火にかけたもの』(一九六四)、フーコー『言葉と物』(一九六六)、ラカン『エクリ』(一九六六)、デリダ『グラマトロジーについて』(一九六七)、同『エクリチュールと差異』(一九六七)、ロールズ『正義論』(一九七一)といった、それぞれに衝撃に富んだ一群の著作がたちどころに想い起こされます。

ちなみに、社会的事件についてみても、この期間は、歴史の曲がり角をおもわせるに足る重い出来事があいつぎました。

ヴェトナム戦争(一九六五—七五)は、アメリカの社会と人心にすくなからぬ荒廃をもたらし、反共(十字軍)イデオロギーを崩壊させ(のちのいわゆるマルクス主義の権威失墜よりこちらのほうが先です)、一方で軍事的劣勢をはね返す民族の伝統的結束力、生命力の強さを見せつけました。

中国の文化大革命(一九六六)とその挫折は、個人的集団的な生活習慣の力を軽く見た性急な改革のもたらす破壊と荒廃によって、人間社会とその改良のありかたにあらためて反省を迫るものでした。

パリの五月革命(一九六八)を頂点とする、この時期世界各地に拡がったスチューデント・パワーの嵐は、一見、見るべき成果を残すことなく鎮圧されましたが、その後の比較的長いタイム・スパンで見ると、学問や教育のありかたにすくなからぬ影響をおよぼしつつあるように見えます。

　第四次中東戦争による石油危機（一九七三）は、世界の経済体制に打撃を与え、高度経済成長と開発万能路線をすすんできた日本が反省を迫られるひとつのきっかけとなりました。ベルリンの壁の崩壊や、ソ連邦の解体、各地での民族紛争という比較的われわれの記憶に新しい出来事の素地も、こうして見ると、すでに一九六〇年代にはあらかた整えられていたようにわたくしにはおもわれます。

　こう考えてくると、どうも、わたくしは、人類が、一九六〇年代以降、フランス革命や産業革命の時代（この講義でいう一四世紀につづく第二の変革期（一七七〇―一八二〇））以来の大きな曲がり角を曲がりつつあるのではないか、生活形式全般の大きな変革の時代にさしかかっているのではないかと考えざるをえないのです。

　もちろん、ことがらは同時代にかかわることですから、たしかなことはいえません。あくまで、問題を整理し、見通しをたてるための作業仮説としていうことです。

　という次第で、一九六〇年代以降の哲学を、「ヨーロッパ世界の哲学」の第三の大きな変革期のそれとして位置づけることを、ここで、こころみてみたいとおもいます。

　一七七〇―一八二〇年の第二の大きな変革期をさしおいて、先回りしてすこしだけこちらのほうから取り上げるのには、わけがあります。一度おもい切ってわれわれの時代から逆照射することをこころみておいたほうが、中間の第二の変革期の性格づけ、位置づけもやりやすくなると考えるからです。

さしあたって、今回の冒頭には、二つのテクストを示しておきました。ひとつは、フーコー(一九二六―八四)の『言葉と物』から、もうひとつは、レヴィ‐ストロース(一九〇八―　)の『野生の思考』からのもの。いずれも、一九六〇年代以降の「構造主義」の流行の口火となった著名な書物であることは、ご存じの方も多いでしょう。

さて、最初にフーコーのテクスト。

一六世紀のおわりまで、西洋文化の知においては、「類似」が構築する役割を演じてきた。

フーコーは、「人間諸科学の考古学」という副題をもつ『言葉と物』において、言語学、生物学、経済学等々の「人間諸科学」の誕生とその背景となる前史をたどるために、「西洋文化の知」の歴史のあらたな視点からの総覧をこころみます。

あらたな視点というのは、一言でいえば、副題にいう知の「考古学」の方法の導入、すなわち各時代の知の深層の構造(フーコーはこれを「エピステーメー」(「知識系」等の試訳あり)と呼びます)に注目し、「エピステーメー」の交替をめどとして、時代の区分を定める行きかたの採用にほかなりません。

この視点に沿って、西洋文化の知の歴史は、(1)古典主義以前の時代(一六世紀以前)、(2)古典主義の時代(一七、一八世紀)、(3)モダン(ここではむしろ「現代」)の時代(一八世紀末—一九世紀はじめ以降)に分けられます。
(1)古典主義以前の時代の知の深層の基本形は、「類似」、(2)古典主義の時代の知の深層の基本形は、「表象」、(3)モダンの時代の知の深層の基本形は、「労働」、「生命」、「言語」(とそれぞれを範型とした「人間」、すなわち、「経済人」、「欲望人」、「情報人」など)。
このうち、(3)人間諸科学の誕生に並行して、人間がみずからを対象とし自覚するようになる段階に、「人間」の誕生を見定め、「人間」の誕生は比較的最近のことにすぎない、しかしそれは、はじめから諸領域に分断された、不安定な知の基盤を支えとしているので、「人間の死」は間近い。

こうしたニーチェばりの宣言がついて、この書物は一躍有名になりました。

ともあれ、さきほど重ねて引用したテクストに話をもどすと、それが、「一六世紀のおわりまで」、すなわち古典主義以前の時代には、「西洋文化の知」の基本形が「類似」にほかならなかったことをいうものであることがあきらかでしょう。

フーコーによると、この「類似」は、(1)「融合」、(2)「照応」、(3)「類比」、(4)「共感」に分節するものとしてモデル化されます。

すべてのものが、相互に感応し合い、影響をおよぼし合う、ルネサンスの自然哲学が念頭に置かれていることは、クロリウス、カルダーノ、パラケルススといったひとびとの文献に依拠して叙述がすすめられていることからしてもあきらかです。人間のことばについても、この時代の思考では、それをたんなる人為的な記号と見なすことはありません。

それ〔言語〕は、むしろ、不透明で神秘的な、折れ込んで正体の見えぬもの、寸断され、どこを取っても謎にみちた集塊であって、それがここかしこで世界の諸形象と混りあい、からみあっているのだ。

（『言葉と物』）

ちなみに、フーコーの思想史の構図では、こうした宇宙とあいわたる「表徴」の言語は、「表象」の時代を飛び越えて、（フーコーの好むマラルメら）一九世紀の「象徴主義」の文学者たちにふたたびあらわれることになります。

「人間」と人間科学の支配下で、それは、おおかた忘れられた真実を垣間見せるものとされます。

フーコーの知の考古学の仕事の原点に、こうした「象徴主義」の文学の言語世界への関心が確固としてあったことは、注意しておいてよいことでしょう。

それは、たしかに、ルネサンスの宇宙論から、さらには、中世の思考の象徴世界やまた古代中近東の諸文献に見られる地下水脈の世界にまで遠く連なるものにほかならないからです。

フーコーは、しかし、何故古典主義以前の時代を一六世紀のルネサンス宇宙論ですませて、それ以上さかのぼることをしなかったのでしょうか。

近代ルネサンスからはじめれば、それ以前は無視しても大勢に影響はないと考える近代主義と進歩史観の枠に、なお無意識のうちにとらわれていたからでしょうか。

あるいは、それもあるかもしれません。しかし、ここでは、「人間諸科学の考古学」という当面の目的のためには、さしあたってこれで足りたのだ、と好意的に見ておくことにしましょう。

そして、さきの引用にあるルネサンスの言語論が、まことに荒々しいやりかたながら、ひとつの「実在論」の形を素描していることを指摘して、われわれの前講までの考察とひとまずつながりをつけておくことにしましょう。

ついでに、一七世紀にはじまる「古典時代」の知の深層の構造の基本形を「表象」と見る点についていえば、ここで、フーコーは、オッカムの系統を引くノミナリズムの認識論を近世の正統と見なす従来の哲学史観を、基本的にすこしも変えることなく踏襲する形で、論を立てています。

ノミナリズムの隆盛となる切れ目を一四世紀にまでおろしたわれわれにとっては、一七世紀の切れ目は、それほど決定的ではありません。実在論の残存が、一四世紀以降一七世紀にいたるまでも、いくらも見られることは、すでに述べたとおりです。

二番目のレヴィ-ストロースのテクストについては、今回のところはごく簡単にすませましょう。それは、つぎのようなものでした。

それゆえ、サルトルは、歴史にたいして、あたかも未開人が永遠の〔神話的〕過去にたいするのとおなじ位置を占めている。サルトルの体系では、歴史がまさに神話の役割をはたしているのである。

『野生の思考』という書物も、一九六〇年代のはじめに出て、ほとんどディドロやルソーをおもわせるラディカルで透徹した文明批評の力によって、文化人類学という本来の領域をはるかに超えて、広い範囲で影響を与え、また議論を呼びました。

引用の文では、ちょうどフーコーのいう「人間」の誕生の時期に起源をもつ「歴史的人間」（歴史をよすがにして自分を理解する人間）ないし「歴史主義」が鋭い批判の標的になっています。「自我」の連続的意識をモデルにした連続的統一的歴史などフィクションにすぎない、とレヴィ-ストロースは、「人間中心主義」と「歴史主義」をひとまとめのものとして批判するのです。

この時期頃から歴史学の世界でも、「アナール学派」など、従来の歴史の連続性や時間尺度にとらわれない新しい動向が目立ってくるようになりました。

第十八講　理性と悟性――逆転のドラマ

悟性が規則を介して諸現象を統一する能力である、とすれば、理性は、諸悟性規則を原理のもとへと統一する能力である。理性は、それゆえ、けっして最初の経験ないしはなんらかの対象にかかわるのではなく、悟性にかかわり、かくして悟性の多様な認識にア・プリオリな統一を概念によって与えるのであるが、このア・プリオリな統一は理性統一と呼ばれてよく、それはまた、悟性によって遂行される統一とはまったく別種なものである。

（カント『純粋理性批判』）

すでに第十二講で、一四世紀の変革と一七七〇―一八二〇年の変革の対比のあらましを前もって述べたときに、カントのつぎの一文を引きました。

われわれのすべての認識は感官から始まり、そこから悟性へと進み、理性において終わるが、理性を越え出ては、直観の素材を加工してそれを思考の最高の統一にもたらすべきより高次のものは、何ひとつとしてわれわれのうちには見いだされない。

この一文は、冒頭に引用したテクストとおなじ(「超越論的弁証論」序論のなかの)パラグラフの最初にあるもの、ちなみに、冒頭の引用のほうは最後にあるものです。見られるとおり、後の引用は、「感官」(直観)、「悟性」、「理性」というわれわれの認識能力のうち、「理性」が「思考の最高の統一」にかかわることを強調し、冒頭の引用は、さらに、「理性」と「悟性」それぞれによる「統一」のありかたとその位置関係を立ち入ってあきらかにしています。

さきの引用に関して、すでに第十二講で、カントの「理性」と「悟性」の伝統的序列の最終的な転換が、デュランドゥスら一四世紀の哲学者たちによる「能動知性」の切り捨てや弱体化・形骸化による「知性」概念の変質のいわば行き着く果てにあらわれたものであることのあらましを述べておきました。

それを承けて、今回は、おなじ動きをもうすこしくわしくたどり、一七七〇—一八二〇年「ヨーロッパ世界の哲学」の第二の大きな転換期のありかたの一端を照らし出すことをこころみてみましょう。

悟性が規則を介して諸現象を統一する能力である、とすれば、理性は、諸悟性規則を原理のもとへと統一する能力である。

冒頭の引用の最初の一文は、「悟性」と「理性」の認識能力としてのありかたを、このように規定していました。

悟性は、規則を介して、感性を通じて与えられる「諸現象」を統一する。

理性は、なお未完結な悟性の認識を統合・統括し、諸悟性規則を原理のもとへともたらす。

「理性は、それゆえ、けっして最初の経験ないしはなんらかの対象にかかわるのではなく、悟性にかかわり、かくして悟性の多様な認識にア・プリオリな統一を概念によって与える。」

この結果、「悟性統一」とは異なった、ひとレベル上の「理性統一」が得られる。

「理性は、それゆえ、けっして最初の経験ないしはなんらかの対象にかかわるのではなく……」といったあたりのいいかたに、「理性」を最高の認識能力の地位に高めながら、同時にその能力の限界を批判的に画定する伏線が張られてもいるのですが、そのあたりのことはいまは措くとして、ともあれ、ここで、カントによって、人間の認識能力の序列が明確に規定され、提示されていることはあきらかでしょう。

提示されている序列は、ラテン語、ドイツ語、ついでに英語、仏語も付記して示せば、つぎのとおりです。

理性	ratio	Vernunft	reason	raison
悟性	intellectus	Verstand	understanding	entendement
感性	sensus	Sinnlichkeit	sensation	sensation

さて、カロリング朝ルネサンス以来のヨーロッパ哲学においては、ヨハネス・エリウゲナこのかた、上記の三つの人間の心の能力の序列は、くり返し見てきたように、一貫して基本的に、(カントのものとはちがって)、intellectus—ratio—sensus の順になっていました。たとえば、トマス・アクィナスは、つぎのようにいっています。

> intellectus と ratio は、別々の能力であるのではなく、それぞれの異なった働きからしてそう名付けられるのである。すなわち intellectus の名は、真理の内側への透入からして(ab intima penetratione veritatis)得られ、一方、ratio の名は、推論と論弁から(ab inquisitione et discursu)得られる。
>
> (トマス・アクィナス『神学大全』)

われわれの認識において至高の位置を占めるのは、ratio でなく intellectus にほかならない。intellectus は ratio の源泉(origo)なのである。

（トマス・アクィナス『対異教徒大全』）

カント自身もまた、『純粋理性批判』刊行よりも一一年前に教授就任資格論文として公にし、批判哲学への発想の芽を多く含む『可感界と可想界の形式と原理』（一七七〇）というラテン語の論文では、intelligentia（知性の高度のはたらきをいう伝統的な用語）を rationalitas と等置したり、intelligentia は、ものごとを現象によってではなく、あるがままに捉えるとしたり、純粋な intellectus によらなければ、最高完全者としての神や道徳の最高原理の認識は得られないとするなど、まだほぼ伝統的な序列の線に沿って考えを進めています。

では、そのおなじカントが、なぜ『純粋理性批判』をはじめとする批判哲学の時期になると、intellectus と ratio の序列をあからさまにくつがえすということになるのでしょうか。

この間の事情を多少ともあきらかにするためには、当時ドイツの学界で大きな勢力をもち、カントの思考に多くの概念枠、あるいは概念枠の素材を提供したいわゆるライプニッツ＝ヴォルフ学派の哲学でのこれら一連の概念の取り扱いを見ておく必要があります。

ここでは、カントが生涯にわたってみずからの「形而上学」や「人間学」の講義の底本に使ったバウムガルテンの『形而上学』（一七三九）を参照文献として取りましょう。

さて、同書中、intellectus と ratio が、もっともくわしくあつかわれるのは、「霊魂論（心理学）」「宇宙論」「自然神学」という「特殊形而上学」の三部立てのうち、（ちなみに「一般形而上学」は「存在論」一部立て)、「霊魂論(心理学)」のはじめにつけられた「経験的霊魂論(心理学)」においてです。ここで、人間の心の認識能力が、感覚、想像力等々の「下級認識能力」と「上級認識能力」とに分類され、後者に intellectus と ratio が含められて、それぞれの性格規定が示されるのです。

「上級認識能力」としての intellectus は、私の魂のもつ、何ものかを「判明に認識する能力」とされます。

バウムガルテンは、「注意」、「抽象」、「反省」、「比較」等のそのはたらきについて述べたのちに、「私の intellectus」にほかならぬ「有限な intellectus」を、「注意しつつ、反省しつつ、比較しつつ、抽象しつつ、予見しつつ、魂の宇宙を表象する能力によって活動せしめられる」ものとして規定します。

ここに見られるような intellectus の規定が、(「魂の宇宙を表象する能力」というライプニッツ的表現を含みながら)、基本的には、「受動知性」(「可能知性」)中心のオッカム的なノミナリズムの有限な「知性」の系統を色濃く引くものであることはあきらかです。

当時のドイツでも、ロックの経験論の哲学は大きな影響力をもっていましたから、ひとびとが、この intellectus の規定を英語の understanding と重ねて読んだとしても不思議はありません。(understanding は、オッカムの母国イギリスではひときわ強いノミナリズムのバイアスのもとで、早くカントの「悟性」に近い意味合いを得ていました。)

さて、ところで、バウムガルテンは、おなじ『形而上学』の「自然神学」の章のなかで、「神の intellectus」という一章をもうけて、そこでつぎのようにいっています。

> 判明な認識は実在であり、神の内には、すべての実在がある。したがって、神は判明に認識する。ゆえに、神は intellectus をもち、intellectus 的な実体すなわち霊である。

しかし、人間の有限な intellectus と神の intellectus をこのように分断してしまっては、もはや「能動知性」や本来の「実在論」にたちもどる術がないことはあきらかでしょう。（カントが「独断的形而上学」と非難するのも一理あるというものです。）

中世末と近世スコラからメランヒトン以来のドイツ・プロテスタントの学校形而上学を通じて、ここにいたる道を逐一あとづけるだけの素養をわたくしはもち合わせません。

たしかなことは、しかし、カントが、ここで、「神の *intellectus*」といういわば上部構造を切り落とし、（あるいは別あつかいにし）、人間の有限な *intellectus* に切り縮めたとき、「知性」は「悟性」となり、「知性」と「理性」の序列は逆転したのです。（「悟性」の訳語は、カントの用法にしたがう、カント以後の哲学にかぎって使うという慣行がおいおい確立しつつあると見て、この使いかたをしました。ちなみに intellectus の語は、ドイツ訳でも今日にいたるまで揺れがあります。）

ちなみに、バウムガルテンによるratioの定義。

わたしは、あるものどもの連結(nexus)を混雑に、またあるものどもの連結を判明に把握(percipere)する。ゆえに、私は、事物の連結を把握するintellectus、つまりratioをもつ。

ratioは、見られるとおり、「連結」との関連で捉えられています。ratioの語そのものに、「(比例)関係」の意味があることは、以前の講義でも触れましたが、ここでの「連結」が、とりわけすでにこれも以前の講義で述べたようなライプニッツの数学についての考えを背景として出されていることは、間違いありません。

ヴォルフ学派では、算術、幾何、代数を典型とするア・プリオリな定義ないし命題にもとづく認識をこととするratioをratio puraすなわち「純粋理性」と呼びました。

零落したintellectusに代わって、ratioが最高の心の能力の位置にのぼりつめる素地は、ratioの側からも整えられていたのです。

ratioが最高の心の能力の位置にのぼりつめる、と同時に、しかし、皮肉なことに、「理性」の天下、啓蒙のrationalism(理性主義、合理主義)の時代が終わりました。

カントが、うちに自己矛盾をはらむ人間「理性」の限界を厳しく画定してみせたからです。

いまごろ、「哲学のおわり」を言い立てるひとびとの言説が可愛く見えるほど、それは哲学とその概念装置の伝統へのラディカルな破産宣告でした。（あとはもう、哲学も、現代芸術などに似て、過去の概念装置とコードをくり返しシャッフルしながら、「引用」とパッチ・ワークで行くほかにない時代に入るのかもしれません。）

第十九講　構想力の論理

構想力が知覚そのものの構成成分であるとは、これまでおそらくどの心理学者も考え及ばぬところであった。このことの由って来るゆえんは、一つには、ひとが構想力というこの能力を再生産の作用だけに制限したからであり、いま一つには、感官がわれわれに諸印象を提供するのみならず、それらの諸印象を合成し、諸対象の形象をもたらしさえすると信じられたからであるが、しかし、そのためには、疑いもなく、諸印象の受容力のほかに、さらに何かそれ以上のもの、すなわち、それらの諸印象を総合する一つの機能が必要なのである。

（カント『純粋理性批判』）

「構想力」(Einbildungskraft)。ラテン語の imaginatio、英語の imagination にあたることばで、普通に「想像力」と訳してもよいのですが、これからすぐ述べるように、カントがそれ以前の用法を大幅に逸脱するような意味をこの語に負わせたこともあって、大正時代このかた、カントのものとその流れを汲む用法に限って、「構想力」と訳す慣行が定着しています。では、カントがこの語に負わせようとした、それ以前の用法を大幅に逸脱するような意味とは何でしょうか。それは、それ以前の用法や、またいわば他の一連の類似・隣接概念とどのような位置関係に立つのでしょうか。

この問題を考えることは、そのまま、カントとその時代の哲学のありかたの一端、しかもその核心的な部分に光をあてることになります。

構想力が知覚そのものの構成成分であるとは、これまでおそらくどの心理学者も考え及ばぬところであった。

冒頭の引用にこうあるように、「構想力が知覚そのものの構成成分である」ことが、カントがこの語に負荷した新しい意味内容でした。

ひとびとが、この意味内容に思いいたらなかった理由は、テクストのつづく部分に見るとおりです。

このことの由って来るゆえんは、一つには、ひとが構想力というこの能力を再生産の作用だけに制限したからであり、いま一つには、感官がわれわれに諸印象を提供するのみならず、それらの諸印象を合成し、諸対象の形象をもたらしさえすると信じられたからである。

ということは、カントの考えによれば、構想力は、本来、「再生産の作用だけに制限」されることなく、同時にまた何よりも「生産的」であり、感官の「諸印象を合成し、諸対象の形象をもたらす」という、これまで感官自身に帰せられていたはたらきをみずから引き受ける、ということになるでしょう。

事実、カントのいうとおり、imaginatio, phantasia の概念は、伝統的に「知性」や「理性」にたいして、より低い、二次的副次的な位置を与えられるのを常としてきました。

近世一七世紀のテクストからひとつだけ例をあげます。

> 思考のみが精神にとって本質的である。感覚や想像はたんにその変容にすぎない。
>
> （マールブランシュ『真理の探究』）

カントが「形而上学講義」の底本としていたバウムガルテンの『形而上学』にも、つぎの一節があり、imaginatio が、まさにカントの指摘どおり、「再生産の作用」として捉えられていることがわかります。

過去の世界の状態の表象、またしたがって過去の私の状態の表象は、ファンタスマ(imaginatio、〔見られた〕ヴィジョン)である。

「かつて感覚のなかになかったものは、phantasia のなかにもない」というくだりもあります。(これはライプニッツが批判したことでも有名な、「かつて感覚のなかになかったものは、知性のなかにもない」というロックのことばをただちに想い起こさせるものです。)imaginatio は、バウムガルテンでは、「感覚」、「記憶」、「先見力」、「機知」、「判断力」などとならんで、「下級認識能力」のうちに数えられていました。

カントは、その imaginatio を、あえて「下級認識能力」のうちから引き上げて、「悟性」の最高のはたらきである「超越論的統覚」にさえ優先する位置を与えたのです。(まさにアド・ホックな、見事なパッチ・ワークというべきでしょう。)

これは、ヨーロッパ哲学の概念史の上で見ても一時期を画するほどの大きな配置転換で、二〇世紀にまでおよぶ後続諸世代への影響からいってもまさに画期的なものでした。

後の世代への影響はいまはしばらく措いて、ともあれ、カントによる imaginatio のこの地位引き上げは、前講でくわしく見た、おなじカントによる、intellectus と ratio の序列転倒と密接に関連する形でおこなわれました。

もともと「能動知性」の頭を切られ、あるいは形骸化されて、「受動知性」の寸法にまで切り縮められてスケールの小さくなりがちな近世の intellectus, understanding, Verstand を、カントは、最終的に、近代数学・自然科学の発展で勢いを得ていた(「合理主義」の)ratio の下に位置づけた。しかも、ratio「理性」に対しては、知的直観(intellektuelle Anschauung)の能力を拒否して、有限主義を貫いた。

こうなると、「能動知性」を頂点にもつ従来の intellectus によって占められていた頭の部分は、全部とはいわないまでも、すくなくともいくらか空白になります。

従来一貫して人間の認識能力の最上位にあった intellectus のいわば退位後に残った空白を埋めるために、imaginatio, phantasia、「構想力」の概念が、「下級認識能力」のなかから引き上げられ、あらたな意味内容を与えられて、使われた、とわたくしは考えます。

つぎに引くのは、冒頭の引用とおなじ(「純粋悟性概念の演繹について」の)章に見られる、「生産的構想力」についてのカントの叙述です。

> 構想力はそれゆえ、一つのア・プリオリな総合の能力でもあって、そのためにわれわれはそれに生産的構想力という名称を与えるのである。さらに、それが、現象のすべての多様なものに関して、現象の総合における必然的統一以上の何ものをも意図しないかぎり、この必然的統一は構想力の超越論的機能と名付けられうる。それゆえ、一見ひとの意表を

衝くことではあるが、しかしそれにもかかわらず、これまで述べたことからして何としても明白なことは、構想力のこの超越論的機能を介してのみ、諸現象の親和性すら、それとともに連想も、最後に、この連想を通じて、諸法則にしたがう再生産も、したがって経験自身も可能となるということである。というのは、構想力のこの超越論的機能なしでは、対象についての諸経験が合流して一つの経験となることは全然ないであろうからである。

構想力は一般に「形象」(Bild)にかかわる、とカントはいいますが、このBildの語は、imago, phantasmaとともに、(これが重要な点ですが)、speciesの血脈を引いています。「構想力のこの超越論的機能を介してのみ」、「諸現象の親和性」も、「連想」も、「最後に、この連想を通じて、諸法則にしたがう再生産も、したがって経験自身も」可能になる、というようにカントはいいますが、こうした発想が、カント自身意識していたかどうかは別として、「能動知性」とその「可知的形象」(species intelligibilis)による経験的認識の形成、という盛期中世の正統的実在論の認識思想をなぞるものであることは動かせないところです。

概念としてのポテンシャルを失い、零落したintellectusの退位後の空白を埋めるのに、こうした手立てをもってしたことに、カントのまことに大胆な独創がありました。

「生産的構想力」の概念によってカントが開いた突破口は、カント自身の啓蒙主義的有限主義を踏み越えて、フィヒテ、若いヘーゲル、そしてとりわけシェリングらロマン派の哲学者たちによって展開され、さらに、海を越えて、コールリッジらイギリス・ロマン主義の文学者たちを触発します。

二〇世紀に入ると、ハイデッガーが一九二〇年代の終わりに、「生産的構想力」に力点を置いた、当時としては衝撃的なカント解釈を発表し、これを承けて三木清が『構想力の論理』を公にする等々の動きがあります。

最後に一言。

「構想力」もまた「判断力」も、さらには「批判」(critica)という概念そのものも、いずれも元来リベラル・アートの諸学に属するものであったこと、それらのうちいくつかが、ヴォルフ学派で、「理性のアナロゴン(類似物)」として重んじられたこと、バウムガルテンによる「美学」の創始もリベラル・アートの地位上昇のひとつの予徴と見られること、カントの哲学もまた、見かけ以上に自由学芸の伝統によるところが多いこと。これらのことどもに、化学、生物学、経済学、比較文法等々この時代における個別科学の成立とならんで、新時代の勢力交代の動向を示すものがあることに注意しておきましょう。

第二十講　功利主義と実証主義

最大多数の最大幸福

（ベンサム『道徳および立法の諸原理序説』）

人類の知的進化の法則あるいは三段階の法則

（コント『実証的精神論』）

個的なものどもで十分である。したがって、普遍的なものどもなどというのを立てるのは、徹頭徹尾やり甲斐のないことである。

（ウィリアム・オッカム『論理学大全』）

明治時代の初期、西洋文化の移入のはじめの時期に、わが国に入り、社会・政治思想の領域を中心に広く影響を与えた思想のひとつに「功利主義」(utilitarianism)があります。

加藤弘之(一八三六―一九一六)らに主導された一時の明治政府では、自由民権運動に対抗する必要からも、進化論と結びついたスペンサー(一八二〇―一九〇三)流の功利主義が大きな影響力をもちました。

ベンサム(一七四八―一八三二)、J・S・ミル(一八〇六―七三)、スペンサーとつづくイギリス功利主義の思想家のうち、ミルととりわけ親交のあったフランスの「実証主義」の哲学者コントの思想も、のちに、建部《たけべ》遯吾《とんご》(一八七一―一九四五)、田辺寿利(一八九四―一九六二)らによって本格的に移入され広く知られるようになります。

どちらも典型的な進歩史観をとり、近代文明への肯定的・改良主義的な姿勢を基本とするところから、ときにコント―スペンサーと並び称され、一九世紀このかたの西洋文明の主導的思想と見なされて、明治、大正、昭和初期の日本に受け容れられました。

「功利主義」と「実証主義」は、もちろん、西洋の地そのものにおいても、さまざまなヴァリエーションをともないながら、一九世紀の主導思想として、ほとんど時代の生活形式や生活感情に溶け込むほど、きわめて広い範囲で影響をもったものでした。

そこで、今回は、この二つの一九世紀の主導思潮の背景に多少さぐりを入れてみることにしました。

テクストは、おそらくだれもがご存じの両思想のモットーないしキャッチフレーズ。それに、両者ともどものルーツにかかわるものとして、くり返しになりますが、第十講ですでに引いたオッカムのこれもキャッチフレーズ風の短章を引きました。

あらかじめいえば、「最大多数の最大幸福」のモットーに集約される「功利主義」が、ホッブス、カンバーランド、ロック、ヒュームなど、一七、一八世紀のイギリスの哲学者たちによって開かれた地盤の上に立つものであることはよく知られていますので、この考えが、おのずから、イギリス哲学のもうひとつ深層の地盤であるオッカム以来のノミナリズムと浅からざる関係をもつであろうことは、容易に予想されるところです。

すぐ後に見るように、実際そのとおりなのですが、問題は、「実証主義」の場合をも含めて、そうしたノミナリズムとの浅からざる関係をどのように見、どのように位置づけるかということです。

以下、こうした問題について、手短かに要点を見ることにしましょう。

「最大多数の最大幸福」というモットーを、ベンサムは、プリーストリの『政府論』(一七六八)からとり、ヒュームに由来する「効用」(utility)の概念と結びつけて「功利主義」を作りました。

「効用」は、各人の「幸福」あるいは「快楽」の総和を最大ならしめることを基準として測定されることになり、ベンサムは、有名な「快楽計算」(hedonistic calculus, moral arithmetic)を提唱するのですが、実際にはうまく行かず、快楽の量のみでなく質を考慮に入れる必要があるというミルの批判を受けることになります。

「快楽計算」の条件をうまく設定できるかという問題はいまは措くとして、一般にこうした功利主義の発想では、一定の個体観が前提になっていることを、いまさらいうまでもないほど当然のことですが、あらためて確認しておきたいとおもいます。

それは、いくらか誇張していえば、こういうことです。

個体は、(あたかもプラトンのイデアが離在しているように)、もろもろの普遍的形式などからは中立ないし無関係に離在し、先在し、独在している。そして、そうした独立な個体の機械的総和として社会がある。(「個的なものどもで十分である」というオッカムの定式の応用版です。)

こうしたノミナリズム風のアトミズムの採用は、たとえば、ミルが、イギリス経験論の伝統を承けて、「観念連合」あるいは「連想心理学」(associationspsychology)の方法を彼の哲学で幅広く採用することなどにもあらわれています。

さて、コントの「実証主義」の「人類の知的進化の法則あるいは三段階の法則」についても、ご存じの方が多いことでしょうから、簡単に復習しておきましょう。

三段階はつぎのとおりでした。

(1)神学的あるいは虚構的段階

フェティシズム(物神崇拝)、多神教、一神教という「虚構」をかまえて、世界のありかたを説明し統御しようとする段階。「一神教の支配は、実質的には中世の終わりには命脈が尽きた」、とコントは、いとも即物的にいいます。

(2)形而上学的あるいは抽象的段階

「神学とおなじく、哲学も、事物の内密な性質、すべてのものの起源と行く末、あらゆる現象の産出の基本的様態、といったものを説明しようとつとめる。しかし、そこで、文字通り超自然的な動因を使うかわりに、形而上学は、順次、それを「存在者」や擬人化された抽象物で置き換える。それらの用法が、大変に特徴的なので、それを「存在論」と呼ぶことがしばしばなされることになる。」

「存在論」も「形而上学」も、コントにとっては形なしです。今世紀の「実証主義」者たちにまでつづくおなじみの発想です。

(3)実証的あるいは実在的段階

これまでの思弁的論理学は、不分明な原理しか知らなかったが、これからは、基本規則として、つぎのものを認めることになろう。すなわち、

「特殊なものにせよ普遍的なものにせよ、ある事実の単純な言明に、厳密に還元可能でないすべての命題は、実在的で理解可能ないかなる意味をももたらしえない。」

ヴィトゲンシュタインの『論理哲学論考』に端を発する「論理実証主義」あるいは「論理的原子論」の基本命題と、これが何とよく似ていることか。

「論理実証主義」や「論理的原子論」がその後たどった、錯綜した道行きを知るひとは、こ

のコントの一見単純に見える命題のはらむ複雑な問題を見透すことができるでしょう。(わたくしには、アトミズムを脱却したクワインのホーリズム(全体論)が、ふと、アヴィケンナの「共通本性」とダブって見えたりします。)

さて、ともあれ、コントの「実証主義」も、いましがた見た思弁的論理学の「基本規則」にあるように、還元主義的なアトミズムの上に成り立つものでした。

ここにかぎっていえば、(今世紀の用語にいう)「事態」あるいは「原子事実」のアトミズムで、「個体」のアトミズムではないとはいえ、やはりここに、「個的なものどもで十分である」というオッカムのモットー(「オッカムの剃刀」)に通う、基本的にノミナリスティックな発想があることは間違いないとおもわれます。

以上、「功利主義」と「実証主義」という一九世紀の二つの主導思潮が、まぎれもなくノミナリズムの基盤の上に成立していることを見ました。ノミナリズムは、この文脈でも、via moderna「モダンの道」でした。

ノミナリズムは、たしかに、オッカムそのひとの時代から、個の尊厳を重んじ、個の間の合議・合意を尊重し、教皇権の専横に対抗する、といった「民主主義」の基礎原理としての役割を果たしていました。

あらゆる生物的社会的特性から抽象された個人たるかぎりでの個人、人たるかぎりでの人、という「個」の思想は、個人の尊厳、人権、生存権等近代社会の基本原理、基本的価値観の創出にあたって、決定的な役割を演じました。（宗教的価値からさしあたって独立のモラルを確保しようという「功利主義」や「実証主義」の企てに、このノミナリズムの個の思想の伝統がすくなからず力を貸したことも事実です。）

しかし、まさに今日、（ロールズの『正義論』（一九七一）の登場以来）功利主義の理論的基盤を批判的に問いなおす動きが盛んです。

「功利」の原理によって、真に個人の尊厳や権利が保障されるのか、といったあたりから問題がはじまります。

功利主義批判は、すでに早く、一九世紀なかば過ぎのロマン派の影響の強いラスキンやW・モリスが手を染めていたことですが、今日、生命倫理や環境倫理があらたな問題を生み出したこともあって、ひときわ盛んになっているのです。

しかし、この問題は、いままさに活発に進行中の問題ですから、ここでは、これ以上立ち入るのをひかえておくことにしましょう。

ただひとつ、この問題と大いに関係がある、すでにこの講義であつかった概念史上のことがらに触れて、今回の締めくくりとしたいと思います。

それは、「個」の概念についてです。

あらゆる生物的社会的特性から抽象された個人たるかぎりでの個人、人たるかぎりでの人、というノミナリズム系統の「個」の概念とはまた別に、ヨーロッパの哲学の伝統には、もうひとつ別系統の「個体」の概念がありました。

すでに何度も触れた、「小宇宙」として、全宇宙をみずからの内に潜在的にはらみ、単純な概念であるどころか、汲み尽くしえない豊かさをたたえた個体、という概念です。

ニコラウス・クザーヌスやライプニッツに代表される、この（いわば「垂直の」）個体概念は、抽象的でそのかぎりでは同質な個とちがって、はじめから、置き換えのきかぬ独自のこの私であり、しかもみずからのうちに、他の個との交流の素地をもっています。しかも、異文化や異人を、その他者性を尊重しながら交流できる素地を、です。

この個体概念を今日の社会哲学等に生かす余地はまだ残っているのではないでしょうか。

第二十一講　象徴主義と現象学

La Nature est un temple où de vivants piliers
Laissent parfois sortir de confuses paroles;
L'homme y passe à travers des forêt des symboles
Qui l'observent avec des regards familiers.

自然は神の宮にして、生《せい》ある柱
時をりに　捉へがたなき言葉を洩らす。
人、象徴の森を経《へ》て　此処を過ぎ行き、
森、なつかしき眼相《まなざし》に　人を眺む。

（ボードレール「交感」（Correspondances）鈴木信太郎訳）

自我（ego）と他我（alter ego）とは、つねに必然的に、根源的な対関係（Paarung）において与えられること。

（フッサール『デカルト的省察』）

今回は、ボードレール（一八二一―六七）の有名な詩「（万物）交感」と、「現象学」の基礎を置いた哲学者フッサール（一八五九―一九三八）の「間主観性」ないし「相互主体性」に関する、これも今日研究者の間ではよく知られたテクストを、考察の手がかりとして掲げました。

象徴主義の手法の基礎を置いた一九世紀なかばの詩人の作品と、厳密な現象学の方法の開発にひたすら力を注いだ哲学者の二つの世界大戦の間の作品とでは、領域も時代も国もちがいますから、一見それらは、たがいにおよそ異質で、何かそこに共通する哲学的・哲学史的特性などはおよそありそうもないように見えます。

しかし、ほんのすこし気をつけて考察してみれば、ヨーロッパ哲学の歴史的奥行を背後に置いて、一見縁遠い二つのテクストをつなぐ意外に太い線がはっきりと見えてくるでしょう。そして、そのつながりが、おのずから、一九世紀なかばから二〇世紀にかけての精神的状況のありかたの重要な一端に光を投げかけるものであることも。

まずボードレールについて。

およそ一七七〇―一八二〇年の期間における、生物学、経済学、比較文法等々、個別諸科学の独立は、長いタイム・スパンで見ると、神学―哲学―リベラル・アーツの序列のうち、一四世紀に最初の切れ目（神学―哲学）に亀裂が入ったのにつづいて、今度は、二番目の切れ目に亀裂が入り、リベラル・アーツが相対的に独立して力を獲得したことの一環として考えることができるということについては、すでに触れました。

リベラル・アーツの相対的独立という この時期の事態には、当然、「芸術」の独立と地位上昇という事態も含まれるでしょう。（fine arts に相当することばや概念がヨーロッパ諸国語に登場するのは、一八世紀なかば過ぎです。）「芸術は哲学のオルガノン（機関）である」とする一九世紀初頭シェリングの典型的にロマン派的な発想などに、こうした動きはよく示されています。

広い意味での「芸術」に当然含まれる「文学」もまた、ここで地位が上昇し、かつての「哲学」の城を優におびやかすに足るところまできました。

初期のロマン派の文学者といわれるシュレーゲル兄弟にしてもノヴァーリスにしても、シャトーブリアンにしても、コールリッジにしても、みな第一級の哲学的思索をよくしたひとたちです。（シャトーブリアンもコールリッジも読んだことがなくても、一九世紀の哲学の専門家として通用するわが国の学界の現状をすこし淋しくおもいます。）

というわけで、一九世紀なかばのボードレールもまた哲学者でした。（逆説的に聞こえることを承知でいえば、一九世紀最大の哲学者のひとり、とわたくしはおもっています。）

「彼〔ボードレール〕の詩法の本質をなすのは、サント＝ブーヴの『ジョセフ・ドロルムの詩』

の内観主義を受けつぎ、さらに発展させた、都会の日常生活風景の散文的題材を単なる心象風景としてではなく、詩人の思想表現として象徴的に詩に描く手法である。」(田村毅、塩川徹也編『フランス文学史』東京大学出版会)

ここに説かれているとおり、ボードレールの新しさは、ひとつの新しい象徴感覚を言語の世界に導入したことにありました。

「都会の日常生活風景の散文的題材」を、「詩人の思想表現として象徴的に詩に描く」とは、産業社会の大都会のあれこれの(けっして美しいばかりではない)風景のうちに哲学的意味を見て取る、新しいタイプの感受者・思索者の登場を意味するでしょう。

「これは一方では詩的領域を散文詩にまで拡大する方向であり、散文詩『パリの憂鬱』によって実現される。他方では、聴覚・視覚・嗅覚などの照応である「共感覚」を歌った「万物照応(コレスポンダンス)」の詩に詩法の原理が示されているように、平凡な事物を人間の生の現実を暗示する象徴として表現する象徴主義的詩法であり、後代の詩人たちに重大な影響を与える。」(同)

冒頭にその最初の一連を引いた「コレスポンダンス」の詩が、ボードレールの「詩法の原理」そのものを提示する位置を占めていることがこれによっておわかりでしょう。

ここは、詩の韻律や、またことばの多重の意味と、また意味同士のひびき合い、といった詩本来の構成にあずかる成分についての立ち入った分析をしている場所ではありませんので、こことでの考察の文脈に関係するかぎりにおいての意味内容に限定して、すこし見てみることにしましょう。

自然は神の宮にして、生《せい》ある柱
時をりに　捉へがたなき言葉を洩らす。
人、象徴の森を経《へ》て　此処を過ぎ行き、
森、なつかしき眼相《まなざし》に　人を眺む。

「自然」を「神の宮」(「寺院」)に譬えることによって、当然そこに荘厳さが導入されます。それは、「死者」のイメージすら含んでいるはずです。

「生ある柱」(複数、列柱です)は、このイメージを振り払う。死の裏側から顔を見せる生。複雑な含みがあります。

「捉へがたなき言葉」。あまりに錯綜していて解読不能のことば、くらいの意味でしょう。謎めいた暗号、象徴。ここは、聴覚です。

「象徴の森」。すぐ前の「捉へがたなき言葉」と当然関係するでしょう。ヨーロッパの深い森のもつ、太古以来の神秘的・神話的雰囲気が背景にあります。

「森、なつかしき眼相に　人を眺む」。「なつかしき」familier 親しげに。

「眺める」、ここは、「見守る」くらいの意味でしょう。文脈からして敵意よりはあたたかさの感じられるところ。「万物共感」の一環です。

このきわめて内容豊かで、いろいろな読み方のできそうな詩について、これ以上深入りはしないでおきます。

ただ、「森、なつかしき眼相に　人を眺む。」の最終行にもっともよくあらわれているように、ボードレールの「万物共感」あるいは「万物照応」の考えの根底には、(死者までも含めた)(昔ながらの)「万物霊化」とでもいうか(ドイツ語でいうAllbeseelung)、アニミズムというか、とにかくそうした考えがありました。

これは、同時代のドイツで、フェヒナーやロッツェが、時代の主流である実証主義や機械論的自然観に敢然と抗してもちつづけていた考え方に通うものですが、このあたりに一九世紀なかばのヨーロッパ哲学の最良のセンスのあらわれを見ることもできるでしょう。

ミシェル・フーコーは、「言葉と物」が解離した一九世紀の知のただ中で、マラルメをはじめとするサンボリストたちが、言葉をひとつの物にまで引きもどし、「象徴」として他の物ともと多彩に感応せしめたことを高く評価していました。

詩のつぎの一連を簡単に見ます。まずは、大意の把握で足りるので、訳文のみにとどめます。

長き反響《こだま》の　遠方《をちかた》に混《まじ》らふに似て、

奥深き　暗き　ひとつの統一《とういつ》の
夜のごと光明のごと　広大無辺の中に
馨《かをり》と　色と　物《もの》の音《ね》と　かたみに答ふ。

「聴覚・視覚・嗅覚などの照応である「共感覚」」とさきほどの解説にあったことが、いうまでもなくこの節の主題となります。

寺院で焚かれる香と女性の官能的な色香を二重写しにするボードレールにおける香りの意味をはじめ、この一節の表現の象徴的意味について、話しはじめればきりがありません。しかし、ここでは、そうしたことはすべて省略にゆだねて、もうお気づきかもしれませんが、歴史的背景について一言だけ述べるにとどめましょう。

奥深き　暗き　ひとつの統一の
夜のごと光明のごと　広大無辺の中に

という二行についてです。

ここに、「魂の闇」、「闇の光」といった、偽ディオニュシオス・アレオパギテースからヨハネス・エリウゲナを経てヨーロッパ世界の地下水脈をなすおなじみの思考のテーマが(またしても)顔を出していることは、あきらかでしょう。

官能の象徴性も、心身あるいは霊肉の合一も、「闇の光」の「奥深き　暗き　ひとつの統一」のなかで成就するもののようです。

さて、最後に、間主観性あるいは相互主体性についてのフッサールのテクスト。

自我(ego)と他我(alter ego)とは、つねに必然的に、根源的な対関係(Paarung)において与えられること。

ノミナリズムの思考に由来する抽象的で、もろもろの他者との関係からいわば中立な個、近代的自我とかデカルト的自我と呼ばれて、ひさしく近代の人間把握のスタンダードとされてきた個。

その抽象性を破ろうとする思考(のちにメルロ - ポンティやラカンが受け継ぐ)の口火をフッサールが切ります。

「根源的な対関係(Paarung)」。パールングというドイツ語は、英語のペアリングとおなじで、一番普通の意味は「交尾」です。「対関係」という訳語では十分に出ない、生々しく生命的な語感があります。

引用とおなじ節から、同様趣旨のすこしくわしい叙述。

したがって、ここには、ある種の間接的指向性がなければならない。しかもその指向性は、いかなる場合にもたえず基礎にある第一次世界という底層から発して、みずからはたえて現存することはないながら、ともに現存するものをわれわれに表象させるものでなければならない。

「ともに現存するもの」の「第一次世界」からの根源的(個的「自我」以前の)立ちあらわれ。「根源的な対関係(Paarung)」や「ともに現存するもの」の思索に、「万物交感」のテーマのいわばおずおずとしたヴァリエーションが聞こえます。

第二十二講　Above the Dock ――夭折の天才

ABOVE THE DOCK

Above the quiet dock in midnight,
Tangled in the tall masts' corded height,
Hangs the moon. What seemed so far away
Is but a child's balloon, forgotten after play.

真夜中のひと気のないドックの上、
索条綾なすマストの高みに絡みとられて、
月がかかる。あんなに遠く見えたものは、
こどもが遊び遺していったただの風船。

（T・E・ヒューム『全詩集』）

考え深い読者よ、政治的党派心のバイアスのかかったオッカム的な先入観——思考においても、存在においても、発達過程においても、「確定されないもの」(the indefinite)は、完全な確定性という最初の状態からの退化に由来する、という先入観を取り払いなさい。真実は、むしろ、スコラ的実在論者——「定まらないもの」(the unsettled)が最初の状態なのであり、「定まったもの」の両極としての、「確定性」と「決定性」は、概していえば、発達過程から見ても、認識論的にも、形而上学的にも、近似的なものを出ない、と考えるスコラ的実在論者の側にあるのである。

（C・S・パース「形而上学ノート」）

T・E・ヒューム(Thomas Ernest Hulme, 一八八三—一九一七)といっても、ひょっとして、哲学専攻の学生諸君のなかにはご存じない方がおられるかもしれません。哲学の専門学者の間で、T・E・ヒュームが話題になることはまずありませんし、現代英米文学を知る人にはそれなりにビッグ・ネームである彼も、経験論、新実在論、分析哲学がドミナントな英米の哲学界では、哲学者のカテゴリーに入れてもらう余地はあまりないからです。

しかし、元来、ノミナリズム以来の伝統の経験論の強いアングロ・サクソンの世界での、哲学と非哲学との間の線引きにわれわれが盲従するいわれはすこしもないし、われわれはわれわれで、見識をもって「ヨーロッパ世界の哲学」の変遷を追ってきたわけですから、ここでも、一九世紀初頭からはそもそも哲学と文学の境界は不分明になったとする基本線を貫いて、T・E・ヒュームを現代哲学の展開のなかに位置づけることをこころみてみたいとおもいます。

二番目に引用したパースのテクストは、すでに第四講、第七講でくわしく見ておなじみのものですが、T・E・ヒュームを解明する側面援助として、（といっても、デューイやW・ジェイムズまではともかく、パースの哲学となると、今日のアメリカでさえ、その十分な幅と深みにおいて認知されているといい切れないところがありますので、こちらも所詮マイノリティからの援助ですが）、ひいては両者あい合して新たな角度から現代哲学に若干の光をあてることを期待して引きました。

真夜中のひと気のないドックの上、
索条綾なすマストの高みに絡みとられて、
月がかかる。あんなに遠く見えたものは、
こどもが遊び遺していったただの風船。

冒頭の短詩、平易な英語ですから英語がおわかりになる方は、原文で味わっていただけるでしょう。エズラ・パウンドや彫刻家のエプスタインらと「イマジスト」のグループを組んでいたヒュームの作品。他の四編のこれも短い詩と合わせて、第一次大戦で再度の応召の末戦死する二年前の一九一五年に、パウンドの『応答』(*Ripostes*)の付録として世に出ました。

イマジスト風の平明な内容。俳句に傾倒していたパウンドの影響が当然ありましょうから、いくらか俳句風に体言止めで訳してみました。(全体を一七文字に訳すのは難しそうです。やってみてください。)

全体は、いうまでもなく、反転図形の面白さです。俳句でいう「軽み」に似た世界でしょうか。そこはかとないユーモアがあって。

しかし、ほんのすこし裏読みをすると、反転図形をもう一度裏返すことができる。月、とわれわれが呼んでいるものも、子供の忘れた風船。自然、と呼んでいるものも舞台の書き割り。(ドックがあって船のマストがあって、いかにも舞台の書き割りといったシーンでしょう。)神秘的奥行などというものは、どこにもありはしない……

たとえば、一足飛びに、ポロック、ラウシェンバーグ、J・ジョーンズら第二次大戦後のアメリカの抽象表現主義の画家たちの仕事に通うような一種思い詰めたあっけらかんさとでもいったものがすでにここにあって、魅力をなしているようにわたくしは感じます。ボードレールの延長に位置する仕事でしょうが、時代はたしかにひとつ進んでもいるようです。

T・E・ヒューム。一八八三年(ヴィトゲンシュタインより六歳年長)スタフォードシャー生まれ。ケンブリッジ大学を喧嘩出入りで放校となり、カナダ、ブリュッセルで幾月かずつを過ごし、ボローニャの哲学大会に出席。一九一二年ケンブリッジ復帰をこころざし、ベルクソンの尽力で成功。ベルクソンの推薦状はつぎのようなものでした。

T・E・ヒューム氏を価値高い心ばえの持ち主として保証申し上げることは、私の歓びとするところであります。氏は、哲学的諸問題の研究に際して、稀に見る繊細さと、エネルギーと、洞察を示します。もし、私の眼に狂いがなければ、氏は、哲学一般の領域において、そしてとりわけおそらく芸術の哲学の領域において、間違いなく、興味深くかつ重要な諸作品を産み出すであろうことを確信します。

実際には、ヒュームは、さきにも述べたように一九一七年にベルギー戦線で夭折。ベルクソン『形而上学入門』の英訳(一九一三)(ハイデッガーが自分の演習のテクストに使うために九鬼周造にパリでのこの書物の入手方を頼むのはまだ大分後のこと)、ソレル『暴力論』の解説つき英訳、いくつかの雑誌論文、それに著作の計画のメモ等々が遺されたすべてとなりました。

のち、友人H・リードにより遺稿集『省察』(*Speculations*)(一九二四)が出版されて、反ヒューマニズム、古典主義芸術観、仏、独哲学の新動向の導入、宗教的世界観等によって、T・S・エリオットら英語圏の文学者に影響、文学論・言語論の新動向、テクストのことばそのものの分析を重んずる「ニュークリティシズム」の誕生を促す力のひとつとなります。
のちに、『続・省察』(一九五五)が後れて世に出ました。

論文のうちでは、『省察』冒頭におさめられた「ヒューマニズムと宗教的態度」が有名。一九世紀を主導した「連続性」の概念を批判し、ヒューマニズムにとっては、原罪、貞潔、また仏教の主導諸概念といった宗教精神のエッセンスをなすものは、まったく理解の外であると批判します。

ヒュームの計画した小冊子のうちには、「反ヒューマニズム」、「反ロマン主義」、「前ルネサンス哲学」といったタイトルが見えます。ルネサンスのイデオロギーを批判して、「前ルネサンス哲学」を再興しようとする、明確に反近代主義の姿勢のあらわれでしょう。
ホフマンスタール、T・S・エリオットそしてハイデッガーらに共通する姿勢です。

「内包的多様体」(intensive manifold)と、明確に近代数学の概念に引き付けてベルクソンを受容しようという姿勢は、おのずから、ベルクソンの思考とライプニッツのそれの間の密接なつながりを明るみに出し、ひとつの(反近代主義的な)精神の系譜を指し示すことになります。
二番目のパースの引用の後半はこうでした。

> 真実は、むしろ、スコラ的実在論者――「定まらないもの」(the unsettled)が最初の状態なのであり、「定まったもの」の両極としての、「確定性」と「決定性」は、概していえ

ば、発達過程から見ても、認識論的にも、形而上学的にも、近似的なものを出ない、と考えるスコラ的実在論者の側にあるのである。

ここにいうthe unsettledを、右にヒュームのいう「内包的多様体」(intensive manifold)に重ねてみることができるでしょう。(お望みならば、「象徴の森」にも!)

ベルクソンならば、測定可能な「外延的多様性」に対して、測定不可能な(「純粋持続」の)「内包的多様性」というところです。(ヴァレリーの「錯綜体」(implexe)をここに重ねてみるのも、見当としては悪くないでしょう。)

ちなみに、しばらく後に、ホワイトヘッドは、こうした「内包的多様体」から外延的な測定可能な量の演算をも生成的に導くことを含めた包括的な形而上学を立てることをこころみます。ベルクソンとライプニッツの総合。二〇世紀最大の形而上学の冒険です。

第二十三講　詩的言語と自民族中心主義の間

本来の生きて働く詩は、けっして、たんなる日常言語のより高いありかた（メロス＝抑揚、歌、メロディー）といったものではありません。むしろ、反対に、日常のことばのほうが、忘れられ、そしてそれ故に、そこからもう呼び声が響いてくることもないに等しい、使い減りした詩なのです。

（ハイデッガー『言葉への途上』）

自民族中心主義の批判——これは民族学の成立のための必須の条件ですが——が、体系的にも歴史的にも、形而上学の歴史の破壊と同時に出現したことに、いささかの偶然もない、と断言してはばかるゆえんはすこしもありません。

（デリダ『エクリチュールと差異』）

哲学と詩の関係を、現代においてもっともつきつめた形で、もっとも真摯に問い詰めたひととして、ハイデッガーをあげることに、異論を唱えるひとはすくないでしょう。

この関係を問いつめたあげく、ハイデッガーが、通常の哲学の散文で思考するスタイルをはなれて、「詩作的思索」(dichtendes Denken) におもむく境地にまで至ったことは、よくご存じのとおりです。

そこで、今回は、ハイデッガーが詩のことばのありかたを論じているよく知られたテクストの一節と、あわせて、デリダが、「自民族中心主義」(ethnocentrisme) の批判と「形而上学の歴史の破壊」の密接な関係を論じているくだりを、考える手がかりに取りました。

「形而上学の歴史の破壊」という表現は、『存在と時間』のはじめのほうにある、「存在論の歴史の破壊」を承けていわれていることは間違いないところですから、二つのテクストには、おのずからつながりがあることがあきらかです。

そのつながりの意味するところについても、すこし考えてみようというのが今回の課題です。

さて、第一のテクストで、ハイデッガーは、詩が高次のいわば化粧をほどこされた日常言語といったものではなくて、むしろ、逆に、日常のことばこそが、「忘れられ」、「使い減り」した詩であるゆえんを説きます。


ことばは、沈黙の響きとして語ります。(Die Sprache spricht als das Geläut der Stille.)

引用のくだりのすこし前で、ハイデッガーは、このようにいいます。

詩(的言語)の根底に「沈黙」「しじま」があり、その「呼び声」に聴き入ることを措いて、およそ生きたことばはありえない。これは、『存在と時間』このかた、ハイデッガーが一貫して持する根本の立場です。

世界と事物とを沈黙という仕方で持ち通す(懐胎する)ことは、「ことなり」(根底の一分かれ)の生起です。

ここまで見てくると、ハイデッガーのいう「沈黙の響き」が、ことば以前のことば、世界(これは、世間、それに人間の同類としての生きものの世界のことでしょうか)と事物の「ことなり」を生み出す原初の息吹といった考えの伝統を踏まえていわれていることがわかります。ヘブライ語の「ダーバール」をはじめとする中近東諸語のバイアスをたっぷりと受け取った、ヘレニズム期の(新プラトン派の)「ロゴス」です。(ベンヤミンの初期のハーマン論にこうした天使語についての素晴らしい叙述があります。)

「沈黙の響き」が、あの「闇の輝き」の想念を生み出したのとおなじ思考圏に由来する想念であることがおわかりでしょう。

もちろんハイデッガー自身は、そうした背景について注意をうながすことなく、すっかり自分のことばにして語っていますが、そのことは、ヨーロッパ世界の哲学の正統を継ぐ思索家であることをすこしも否定するものではありません。

ただ、人間どもが沈黙の響きに属するかぎりにおいて、死すべきものたちは、かれらの仕方で、声に出して話すことができる。

日常言語あっての詩ではなくて、詩あっての日常言語、という考えに、人間あっての言葉ではなくて、言葉(ロゴス)あっての人間、という発想の転換が、正確に対応します。(T・E・ヒュームの「反ヒューマニズム」、「非連続性」の導入を思い出してください。)

人間の原初の言語は詩である、という考えは、近代に入っても、(時代の主流になることはたえてありませんが)、けっしてめずらしいものではありません。

ルソーの『言語起源論』、それからすでにちょっと名前の出たハーマンの『美学綱要』など、一八世紀の仕事を思い出していただけば、さしあたって十分でしょう。

どちらも、「構造主義」の流行の頃から、リヴァイヴァルの気運のある書物です。

たとえば、ジェイムズ・A・ブーン『象徴主義から構造主義へ――文学的伝統のなかのレヴィ゠ストロース』(一九七二)というなかなか気の利いたアメリカの本があって、(日本でもこの程度のものを書けるひとがどんどん出てほしいものですが）、そのなかで、ブーンは、多くの象徴主義者が、詩的言語のプライマシー（一次性・根源性）の感覚を共有していることを指摘して、つぎのJ・ゴーチェのことばを引きます。

つぎのように想像してみることは、魅力的な仮説だろう。詩は言語のプリミティヴな形式であって、ひとびとは、あとになって、抽象的なイディオムをそれに置き換え、またその助けを借りて一般観念や、科学的、哲学的体系を構築した、と。

ブーンは、つづけて、「音楽や夢に酷似した」「なかば忘れられたプリミティヴなことば」という、マラルメの想念に言及します。

しかし、例を重ねるのはこれくらいにして、一言、本講冒頭のハイデッガーの引用の最後に、「使い減りした詩」という一句がありましたが、それについて。

この一句は、すでにお気づきの方もおいででしょうが、おそらく、言語を貨幣にたとえて、ひとびとの手から手へわたってゆくうちにすり減るような日常のことばは、原初の生きた詩のことばではない、というマラルメの有名な考えを念頭に置いていわれています。

このような事例からもうかがわれるように、ハイデッガーの詩的言語論と、象徴主義の言語についての思考の伝統の間には、密接なつながりないし並行関係があるとおもわれます。

さて、つぎに冒頭二番目のデリダの引用です。つぎのようなものでした。

自民族中心主義の批判――これは民族学の成立のための必須の条件ですが――が、体系的にも歴史的にも、形而上学の歴史の破壊と同時に出現したことに、いささかの偶然もない、と断言してはばかるゆえんはすこしもありません。

ここの「形而上学の歴史の破壊」が、ハイデッガーの「存在論の歴史の破壊」を踏まえていわれていることはすでに述べました。「破壊」(Destruktion)というのは、ハイデッガーの用法では、闇雲に壊すことではなく、事象をありのままに把握することを妨げている過去のあれこれの概念をあばき立てながら、歴史を遡行し、「過去を生産的に我がものにする」ことを意味します。

ともあれ、事実に関していえば、デリダのことばは、たとえば、フレーザーの『金枝篇』とニーチェの一連の仕事とが一九世紀の終わり近くという時期に「同時に出現した」ことあたりを念頭においていわれているものとおもわれます。

引用の数行前の箇所で、デリダは、こうもいっています。

実際、われわれはつぎのように考えることができる。民族学は、脱中心化(décentrement)が実行可能になった時点でしか、生まれることができなかった。いいかえれば、その時点とは、ヨーロッパの文化が——したがって、また、形而上学とその諸概念の歴史が——「関節を外され」、そのあり場所から追われて、いきおい、中華文化を自認することを止めざるをえない、そうした時点なのだ、と。

一九世紀の終わりといえば、いうまでもなく、欧米資本主義の帝国主義的膨張政策がそろそろ臨界点に近づいた時期です。

「自民族中心主義」批判が、そうした侵略政策批判をすくなくとも背景にもって出現してきたこと、(民族学にしても、元来植民地経営のための「土俗学」的な性格を逆手にとって)、をここで想起しておくべきでしょう。

ということは、ニーチェもフレーザーも含めて、こうした一連の時代批判の動きが、一九世紀の時代の現実におぼえずして影響されている、そうした部分が、ちょっと考えるよりもはるかに多い、そのことに心すべきことをいうにほかなりません。

「形而上学とその諸概念の歴史」にしても、同様に、一九世紀の諸概念を準拠枠にして、そこからレトロスペクティヴに過去に投影する形で、ギリシャ以来西洋二千年の形而上学の歴史は間違っている、とか、もっとはなはだしいのになると、西洋はもう駄目だ、つぎは東洋の番だとか、威勢のよいせりふが飛び出してくることがありますが、慎重に見極めてから対処しても遅くはないでしょう。

一九六〇年代以降に曲がり角がありそうだ、とわたくしがいうのも、「自民族中心主義」とくにその批判のありかたをめぐるこうした事情に、ヨーロッパ自体がようやく本気で自覚的になってきたように感じるからです。

第二十四講　イメージの増殖と非連続な時間

この全体化作用をもついうところの自我の連続性なるものについては、言い分にはこと欠かない。われわれは、それをむしろ社会的生活の要請によって維持されている幻想――したがって、内面性に映る外面性の影――であると考え、確実な経験の対象とはみなさない。

（レヴィ＝ストロース『野生の思考』）

この言葉〔information〕のさまざまな意味の理解には、世間でありふれたものから古語としての用法まであって、ある出来事についての想念、印象の刻印、観念による有機化などを指しているのだが、これらの理解は、実際、対象の直観的形態、エングラム（知覚、記憶等の痕跡）の成形的形態、発達を生成する形式といった、イメージのさまざまな役割を、それなりによく表現している。

（ラカン『エクリ』）

今回は、レヴィ－ストロースとラカンという一九六〇年代から七〇年代にかけての「構造主義」の流行における中心人物の二人からテクストを取りました。

ラカンのテクストは、のちに見るように、実際に書かれたのはすこし前ですが、時代状況のうちに登場するのは、やはり六〇年代ですから、その文脈においてあつかいます。

一九六〇年代以降、広い意味での哲学の世界で何が起こりつつあるか。そのうち、何が新しく、何が過去(のどこに、どのように)連なるのか、そうした問題の(残念ながらほんの一端について)考えてみたいとおもいます。

レヴィ－ストロースのテクストは、すでに一度第十七講で、サルトルの考える歴史は、未開人の神話に相当するという、近代主義や進歩史観に対する辛辣な批判を含んだものを引きました。(これは、もちろん、前講で引いたデリダのいう「自民族中心主義」批判の具体的展開の一例です。)

今回のテクストも、前のものと近い箇所にあって、歴史の統一的な連続性という観念の根底に、自我意識の統一的な連続性という観念が発想のモデルとしてはたらいていることを論じて、それの批判におよんでいるあたりからのものです。(T・E・ヒュームの「連続性」の概念に対する批判を思い出してください。)

歴史の連続性の批判にしろ、あるいは自我の連続性の批判にしろ、いま読むと、しごく当たり前のことをいっているように聞こえます。

しかし、それは、一九六〇年代にはまだ新しかった考えが、いまではおおかた一般の通念のうちに定着したことの結果なのでしょう。

ところで、冒頭の引用を読まれて気づかれた方もあるとおもいますが、「この全体化作用をもついうところの自我の連続性なるもの」を、「社会的生活の要請によって維持されている幻想――したがって、内面性に映る外面性の影」にほかならぬとする考えは、このかぎりについていえば、ほとんどそのままベルクソンのものです。

『今日のトーテミズム』に、よく知られた興味深いベルクソン論の展開がありますが、このあたりのつながりについて考えることは、これからの課題でしょう。

さて、ところで、引用のテクストの数ページ先で、レヴィ＝ストロースは、歴史的思考と対比して、より根底的と彼のいう、「野生の思考」の特徴をつぎのように述べます。


野生の思考の特性は、それが非時間的であることにある。それは、共時的であると同時に通時的でもある全体として把握しようとする。野生の思考の世界認識は、向き合った壁面に取り付けられ、厳密に平行ではないがたがいに他を写す(そして間にある空間に置かれた物体をも写す)いく枚かの鏡に写った部屋の認識に似ている。多数の像が同時に形成されるが、その像はどれ一つとして厳密におなじものではない。したがって像の一つ一つがもたらすのは装飾や家具の部分的認識にすぎないのだが、それらを集めると、全体はいくつかの不変の属性で特色づけられ、真実を表現するものとなる。野生の思考は、(imagines mundi 世界のイメージたち)を用いて自分の知識を深めるのである。

ラカンの鏡像段階というのも有名ですが、こちらの複数の合わせ鏡のイメージはもっと華麗で豊饒ですね。

わたくしは、すぐに、以前に見た、ライプニッツの「宇宙の鏡」としての無数の個体や、あの「表出」概念を思い出してしまいます。

「像の一つ一つがもたらすのは装飾や家具の部分的認識にすぎないのだが、それらを集めると、全体はいくつかの不変の属性で特色づけられ、真実を表現するものとなる。」

「像の一つ一つ」から、「いくつかの不変の属性」を導き出すのは、射影幾何やトポロジーの演算でしょう。

直観的にはたらくとき、それは、「比喩」や「比率」や「類比」の感覚ないし思考になります。

言語でいえば、それは、詩や神話の世界です。(そういえば、ライプニッツも当時アダムの言語といわれた原始語に、いたく興味をもっていました。)

(1)「自民族中心主義の批判」、(2)「形而上学の伝統の破壊」に加えて、(3)詩的思考の方法とその解析・活用をあげると、「構造主義」の特色をともかくまとまった形でイメージできるでしょう。（射影幾何やトポロジーの方法をもっと一般化した構造の演算と分析で業績をあげたブルバキ派の貢献を加えてもかまいません。）

つぎに、二番目にあげたラカンのテクスト。以下のとおりでした。

この言葉〔information〕のさまざまな意味の理解には、世間でありふれたものから古語としての用法まであって、ある出来事についての想念、印象の刻印、観念による有機化などを指しているのだが、これらの理解は、実際、対象の直観的形態、エングラム（知覚、記憶等の痕跡）の成形的形態、発達を生成する形式といった、イメージのさまざまな役割を、それなりによく表現している。

この文章を引いた「《現実原則》の彼岸」という、フロイトの有名な論文（「《快感原則》の彼岸」）をもじったタイトルをもつ論考は、一九三六年に発表されたもので、一九六六年刊行の『エクリ』に収められた論文のうちでは例外的に戦前の執筆になるもののひとつ、そのうちでももっとも古いものです。

まだ難解で有名なラカン特有のスタイルは使われておらず、ごくオーソドックスな論文で、「連合主義の批判」からはじまって、フロイトの方法の特殊性を確認し、「精神分析の経験の現象学」などという節も含むものです。

さて、引用の文章は、「連合主義の批判」の節中のもの。一九世紀の支配的思潮ないし方法の念のためにいえば、連合主義とか連合(連想)心理学は、このノミナリズムの偉大な遺産を批判するひとつ。パースも、ベルクソンも、フッサールも、このノミナリズムの偉大な遺産を批判することから、彼らの哲学をはじめた当のものです。

この「連合主義の批判」の文脈のなかで、話題のひとつとして、ラカンは、「ここで、イメージの問題について考えてみよう」といいます。つづけて、心理学においておそらくもっとも重要なイメージという現象の機能の複雑さをあらわそうとすれば、「information の機能」ということばをもってする以外にはありえない、と述べて引用の文章となるのです。

この言葉〔information〕のさまざまな意味の理解には、世間でありふれたものから古語としての用法まであって、ある出来事についての想念、印象の刻印、観念による有機化などを指している……

「古語としての用法」、アルカイックな用法は、三つの列挙された意味のうち、三番目の「観念による有機化」(l'organisation par une idée)を指すでしょう。(「対象の直観的形態、エングラム(知覚、記憶等の痕跡)の成形的形態、発達を生成する形式といった、イメージのさまざまな役割」でいえば、「発達を生成する形式」(forme génératrice du développement)が、アルカイック用法です。)

おわかりでしょうか。

ラカンは、informatio というラテン語が、盛期中世には、「能動知性」(の「可知的形相」を導入して)「受動知性」あるいは「魂」に形どりを与えること、を意味したというほかならぬその古義を踏まえて、この箇所を書いているのです。(この程度のことが読み切れないようでは、到底ラカンなど読む資格はありません。)

したがって、「観念による有機化」は、ほとんど、「イデアによる魂の形成」くらいの意味、「発達を生成する形式(形相)」は、ライプニッツ風にパラフレーズすれば、「魂を生み出し形どる原始的力ないし実体形相」といったところでしょうか。

連想心理学では、たんなる心のなかの主観的な心像と見られたイメージの問題に、あえてインフォルマチオの古義に立ち返りながら、新しい展開を与える。

これは、「下級認識能力」からあえてイマギナチオを引き上げて、「能動知性」退位後の空白を埋めたカントの独創に匹敵する仕事といってもよいでしょう。

ラカンは、論文のつづきの「精神分析の現象学的記述」の部分で、精神分析の過程が、徹頭徹尾言語に関するもの、それも、客観的意味をもつ以前の一定の「誰かにさしむけられた」言語にかかわるものであり、「サンボリスムの形式」にほかならぬともいいます。

そして、分析が一定の段階まで進んだとき、ある洞察が形をとります。

ここまで来ると、実際、分析者は、患者がそのイメージを演じているか、それに成り切っているか、それとも認知しているかに応じて、かれのなかでさまざまなあらわれ方へと屈折・散乱しているイメージの、統一性を意識するようにと仕向けるのである。

「奥深き　暗き　ひとつの統一」でしょうか。

第二十五講　終講　光の闇

……われわれが老いるにつれて、
この世はますます疎いものになり、死んだものと生きているものの
綾なす形は、ひときわ入り組んでくる。
………
……わたしの終りに、わたしの始まりがある。

（T・S・エリオット『四つの四重奏』）

その中にすべてのものの原因どもが隠れている、いわば理解を絶しアクセス不能な光の
闇……

（ヨハネス・エリウゲナ『ペリフュセオン』）

前触れはあるがいまだ名づけえぬもの、そして、何かが産まれるときにはいつでも必要

なように、種別なき種としてしか、無形で、黙し、未熟で、見るも恐ろしい怪物の形としてしかみずからを告げ知らせることができない、いまだ名づけえぬもの……

（デリダ『エクリチュールと差異』）

講義全体のしめくくりとして、三つのテクストのさわりを掲げました。T・S・エリオットの『四つの四重奏』、ヨハネス・エリウゲナの『ペリフュセオン』、J・デリダの『エクリチュールと差異』です。

両大戦間に書かれた『四つの四重奏』には、『荒地』や『灰の水曜日』を承けて、（魂の）闇のテーマがくり返しあらわれます。引用箇所の省略部分にも、すぐ後に見るように、「暗い冷気とうつろな荒廃」という、いかにも偽ディオニュシオス・アレオパギテース以来の魂の遍歴譚風の表現が比喩的な文脈で使われています。

エリウゲナの「理解を絶しアクセス不能な光の闇」が、こうした「魂の闇」のテーマのカロリング朝ルネサンス内陸ヨーロッパ世界における最初の典型的な表現にほかならないことは、すでに見ました。

十字架のヨハネをはじめとする多くの神秘思想家を間に置いて、エリウゲナからエリオットに、ひとつの思考の系列の残光がおよんでいるといってよいでしょう。

一九六〇年代のデリダのテクストでは、旧来の「根源」や「真理」への郷愁を厳しく批判し、ニーチェの反ヒューマニズムと対比しつつ、「いまだ名づけえぬもの」、形も定かならぬ恐ろしい怪物について、中近東の黙示文学の伝統をおもわせる語調で語られています。

この「いまだ名づけえぬもの」は、はたして、エリウゲナやエリオットの「魂の闇」とどこかで出会うことがあるのでしょうか。

ともあれ、三つのテクストについて、もうすこしくわしく見ることにしましょう。

(1)エリオットの引用は、『四つの四重奏』第二曲「イースト・コウカー」からですが、省略部分を一部起こしてみると、つぎのようになります。

> ふるさとはひとが出で立つところ。われわれが老いるにつれて、
> この世はますます疎いものになり、死んだものと生きているものの
> 綾なす形は、ひときわ入り組んでくる。
> ………
> 老いたものたちは探り行くものでなければならない。
> ここかあちらかはどうでもよい。
> われわれは先へ先へと進み、
> より濃密な空間に入らなければならない、
> さらなる結びと深まる霊の交りのために、

暗い冷気とうつろな荒廃をくぐり、
波の叫びと風の叫び、海ツバメとイルカの
はてしない海原をこえて。わたしの終りにわたしの始まりがある。

「われわれが老いるにつれて」の引用はじめの三行が、

人生の道の半ばで正道を踏み外した私が、
目をさました時は暗い森のなかにいた

というダンテの「神曲・地獄編」の冒頭を踏まえていることはあきらかです。

引用最後の「わたしの終りにわたしの始まりがある」は、『四つの四重奏』のおなじ第二曲、

「イースト・コウカー」の冒頭部分にある、

わたしの始めにわたしの終りがある

と呼応して、作品全体のライト・モチーフをなします。一七世紀にエリオット家の祖先がイギリスから船出してアメリカに渡ったそのゆかりの地に立ったエリオットの感慨を示すものです。

この感慨が、また、エリオットの魂の遍歴と自己発見の感慨と二重写しになっていることはいうまでもないでしょう。ソクラテス以前の哲学者たちをおもわせる、循環的時間のモチーフ。(作品全体のエピグラフには、ヘラクレイトスの上り道、下り道に関する一句が使われています。)潜在的なプロトタイプとしては、しかし、もちろん、偽ディオニュシオスからエリウゲナ、ダンテ、十字架のヨハネを経由してくる魂の遍歴譚があります。(テオーシス(デイフィカチオ)ということばを思い出してください。)

「老いたものたちは探り行くものでなければならない」以下の一連は、父祖の航海の苦労をしのびながら、それに魂の遍歴のモチーフを重ねたもの。a further union, a deeper communion(さらなる結びと深まる霊の交り)の一句には、神との合一と真性の共同体への希求があきらかです。(petrel(海ツバメ)は、St. Peter's bird を語源とする由。)

(2)エリウゲナの引用は、『ペリフュセオン』の終わり近くからのものですが、前後数行を起こしてみると以下のとおりです。

第三の段階は最高のものであるが、浄められつくした魂の神そのものへの自然本性を超えての跳入であり、その中にすべてのものの原因どもが隠れている、いわば理解を絶しアクセス不能な光の闇である。今や、夜は昼のように照らされるであろう。すなわち、秘儀中の秘儀たる神秘が、祝福され照明された知性にあるいわく言いがたい仕方で開示されるであろう。

魂の神との合一へ向けての上昇の階梯の最上位を述べたもの。「魂の夜」について、ラテン世界ではもっとも早い、ひとつの範型を定めたといってもよい見事な表現です。「すべてのものの原因ども」(causae omnium)が、万物の範型(primordiales causae)としてのイデア(自然の第二位たる「造られて造る自然」)として、典型的な新プラトン派風の創造論を示していること。この範型を内に秘めた「理解を絶しアクセス不能な光の闇」、その汲み尽くしえず、捉えても捉えきれず(incomprehensibilis)、きわめ尽くすことのできない(inaccessibilis)奥行きが、のちの「スコラ的実在論」につながっていく次第については、すでに見たところです。つづく一句で「光の闇」は、「夜の光」に反転します。

今や、夜は昼のように照らされるであろう。すなわち、秘儀中の秘儀たる神秘が、祝福され照明された知性にあるいわく言いがたい仕方で開示されるであろう。

「かげ」という日本語が(「月かげ」「火かげ」のように)「光」と同時に「影」を意味することがふと思い出されます。

ともあれ、「輝く闇」。これこそが、ヨーロッパ世界の精神的伝統の最奥にあって真性の思索者たちを導いてきた光でした。ホフマンスタールもエリオットもクルティウスも、暗い時代にあって、そのかすかなまたたきに対する感受性を失うことがありませんでした。

(3)デリダの引用は、前後数行を起こしてみると、つぎのとおりです。

わたしは、たしかに、これらのことばを出産の諸過程を念頭において述べてはいる。しかし、また、わたしがみずから所属することをあえて拒まぬ社会において、前触れはあるがいまだ名づけえぬもの、そして、何かが産まれるときにはいつでも必要なように、種別なき種としてしか、無形で、黙し、未熟で、見るも恐ろしい怪物の形としてしかみずからを告げ知らせることができない、いまだ名づけえぬものから目を背けて見まいとするひとびとをも念頭において述べているのだ。

この論稿でデリダは、レヴィ-ストロースの構造主義の思考が、「野生の思考」の論理の権利承認によって、ヨーロッパの自民族中心主義ないし自文化中心主義の批判を含意する点を高く評価します。しかし、その一方で、それが、今度は、「野生の思考」を絶対化して、失われた「始源」や「真理」への郷愁をそこに託する傾向をもつことを厳しく批判する。そして、「始源」や「真理」への郷愁をきっぱりと断ち切ったニーチェの反ヒューマニズムをそれに対置するのです。

問題をこのように整理した上で、デリダは、対立する一方の側を「選ぶ」ことがいま問題なのではなく、むしろ二つの立場の共通の地盤、(そこから「差異」の生じてくる地盤)を考えることがまず必要だという。さしあたっては、問題は、われわれが、その、conception(概念、妊娠)、formation(形成、胎児の生成)、gestation(構想、懐胎(期間))、travail(作業(精神分析用語)、陣痛)というおぼろ気な枠組みしかいまは垣間見ることのできない種類のものにほかならないからだ、というのです。

デリダの得意とするこの掛けことばのあそび、「妊娠・出産」と「思考のプロセス」との掛けことばのあそびを承けて、右の引用がつづきます。

前触れはあるがいまだ名づけえぬもの、そして、何かが産まれるときにはいつでも必要なように、種別なき種としてしか、無形で、黙し、未熟で、見るも恐ろしい怪物の形としてしかみずからを告げ知らせることができない、いまだ名づけえぬもの……

形も定かならぬ恐ろしい怪物としてしか自己を告知しえぬ「いまだ名づけえぬもの」。黙示文学の語調で語られているある定かならぬ予感。一九六〇年代以降のあらたな時代状況のなかで発せられたこの予感のことばが、闇や光のありかとどうかかわるのか、いまはあまり性急な答えを急ぐべきときではないようにおもわれます。

引用・参照文献

クルティウス『ヨーロッパ文学とラテン中世』(南大路振一、岸本通夫、中村善也訳)みすず書房、一九七一年
ピレンヌ『ヨーロッパ世界の誕生――マホメットとシャルルマーニュ』(増田四郎監訳、中村宏、佐々木克巳訳)創文社、一九六〇年
ホフマンスタール『チャンドス卿の手紙』(檜山哲彦訳)岩波文庫、一九九一年
T・S・エリオット『F・H・ブラッドリーの哲学における認識と経験』(村田辰夫訳)南雲堂、一九八六年
『四つの四重奏』(エリオット全集 一)(深瀬基寛ほか訳)中央公論社、一九六〇年
『荒地』同右
『灰の水曜日』同右
十字架のヨハネ『カルメル山登攀』(奥村一郎訳)ドン・ボスコ社、一九六九年
『暗夜』(山口女子カルメル会訳)ドン・ボスコ社、一九八七年
ボナヴェントゥラ『魂の神への道程』(長倉久子訳註)創文社、一九九三年
ダンテ『神曲』(世界文学全集 三)(平川祐弘訳)講談社、一九八二年
空海『秘密曼荼羅十住心論』(日本思想大系 五)岩波書店、一九七五年
W・ジェイムズ『宗教的経験の諸相』上・下(桝田啓三郎訳)岩波文庫、一九六九―七〇年

ベルクソン『道徳と宗教の二源泉』（平山高次訳）岩波文庫、一九七七年
ヴィンデルバント『プレルーディエン』（河東涓訳）岩波文庫（邦訳名『哲学とは何か　イマヌエル・カント』）、一九三七年
カント『純粋理性批判』上・中・下（篠田英雄訳）岩波文庫、一九六一―六二年
ヨハネス・エリウゲナ『ペリフュセオン』〔中世思想原典集成　六〕（今義博訳）平凡社、一九九二年
パース『形而上学ノート』〔著作集 Collected Papers　六〕ハーバード大学出版局、一九三五年
アリストテレス『霊魂論』〔アリストテレス全集　六〕（山本光雄訳）岩波書店、一九六八年
ホイットマン「ぼく自身の歌」〔『草の葉』上〕（杉木喬、鍋島能弘、酒本雅之訳）岩波文庫、一九六九年
ウィリアム・オッカム『命題集注解』〔オッカム哲学神学著作集（羅文）〕フランシスコ会、一九六七―
　　継続刊行中
　『論理学大全』同右
エックハルト『説教集』（田島照久編訳）岩波文庫、一九九〇年
オートゥルクールのニコラウス「アレッツオのベルナルドゥスへの手紙」〔書簡集（羅独対訳）〕（D・ペルラノ編）哲学文庫、一九五八年（なお「断罪箇条」の邦訳（井澤清訳）が『中世思想原典集成　一九』平凡社、一九九四年にある）
ミシェル・フーコー『言葉と物――人文科学の考古学』（渡辺一民、佐々木明訳）新潮社、一九七四年
カント『プロレゴメナ』（篠田英雄訳）岩波文庫、一九七七年
　『論理学・緒論』〔カント全集第一二〕（門脇卓爾訳）理想社、一九六六年
「作者不詳の手稿」〔一四世紀、バーゼル大学図書館古写本BⅢ22〕（M・グラープマン校訂）バイエル

ン学術アカデミー、一九三六年
ライプニッツ『形而上学叙説』(河野與一訳)岩波文庫、一九五〇年
『単子論』(河野與一訳)岩波文庫、一九五一年
『実体の本性及び実体の交通並びに精神物体間に存する結合についての新説』(右記の『単子論』に所収)
アヴィラのテレサ『自叙伝』(女子跣足カルメル会訳)中央出版社、一九六〇年
『完徳の道』(東京女子カルメル会訳)ドン・ボスコ社、一九六八年
カント『活力測定考』(カント全集 一)(亀井裕訳)理想社、一九六六年
デカルト『哲学の原理』(科学の名著 第II期七)(井上庄七、水野和久、小林道夫、平松希伊子訳)朝日出版社、一九八八年
ニコラウス・クザーヌス『知ある無知』(岩崎允胤、大出哲訳)創文社、一九六六年
ジェルソン『神秘神学』(中世思想原典集成 一七)(上野正二、八巻和彦訳)平凡社、一九九二年
クザーヌス『普遍的合同』(全集(羅文)一四)ハイデルベルク学術アカデミー、一九五九—六八年
『推測について』(哲学神学著作集(羅独対訳)二)ヘルダー社、一九六六年
『神のヴィジョン』(同右 三)、一九六七年
レッシング『賢人ナータン』(篠田英雄訳)岩波文庫、一九五八年
レヴィ-ストロース『野生の思考』(大橋保夫訳)みすず書房、一九七六年
『生のものと火にかけたもの』(「序曲」のみの邦訳、大橋保夫訳)『みすず』一九九二年一、二月
ガダマー『真理と方法』I(轡田収、麻生建、三島憲一、北川東子、我田広之、大石紀一郎訳)法政

大学出版局、一九八六年
オースチン『言語と行為――How to Do Things with Words』(坂本百大訳) 大修館書店、一九七八年
クーン『科学革命の構造』(中山茂訳) みすず書房、一九七一年
ラカン『エクリ』I―III(宮本忠雄、竹内迪也、高橋徹、佐々木孝次、三好暁光、早水洋太郎、海老原英彦、芦原眷訳) 弘文堂、一九七二―八一年
デリダ『根源の彼方に――グラマトロジーについて』上・下(足立和浩訳) 現代思潮社、一九七二年
『エクリチュールと差異』上・下(若桑毅、野村英夫、阪上脩、川久保輝興、梶谷温子、三好郁朗訳) 法政大学出版局、一九七七、八三年
ロールズ『正義論』(矢島鈞次監訳) 紀伊國屋書店、一九七九年
トマス・アクィナス『神学大全』全三七巻(高田三郎ほか訳) 創文社、一九六三―継続刊行中
『対異教徒大全』第一巻(酒井瞭吉訳) 中央出版社、一九四四年
バウムガルテン『形而上学』(羅文原版の復刻) オルムス社、一九六三年(アカデミー版カント全集の一五、一七巻にも復刻あり)
マールブランシュ『真理の探究』(著作集 一、プレイヤード叢書) ガリマール社、一九七七年
ハイデッガー『カントと形而上学の問題』(木場深定訳) 理想社、一九六七年
三木清『構想力の論理』(三木清全集 八) 岩波書店、一九六七年
ベンサム『道徳および立法の諸原理序説』(世界の名著 三八)(山下重一訳) 中央公論社、一九六七年
コント『実証精神論』(世界の名著 三六)(霧生和夫訳) 中央公論社、一九七〇年
プリーストリ『政府論』ドッズリー社、一七六八年

ヴィトゲンシュタイン『論理哲学論考』(藤本隆志、坂井秀寿訳) 法政大学出版局、一九六八年
ボードレール『悪の華』(鈴木信太郎訳) 岩波文庫、一九六一年
フッサール『デカルト的省察』(世界の名著 五一)(船橋弘訳) 中央公論社、一九七〇年
ベルクソン『哲学入門・変化の知覚』(河野與一訳) 岩波文庫、一九五二年
ソレル『暴力論』上・下(木下半治訳) 岩波文庫、一九六五—六六年
T・E・ヒューム『省察』(長谷川鉱平訳) 法政大学出版局(邦訳名『ヒュマニズムと芸術の哲学』)、一九六七年
『続・省察』(長谷川鉱平訳) 法政大学出版局(邦訳名『塹壕の思想』)、一九六八年
ハイデッガー『言葉への途上』(亀山健吉、H・グロス訳) 創文社、一九九六年
J-J・ルソー『言語起源論』(小林善彦訳) 現代思潮社、一九七〇年
ジェイムズ・A・ブーン『象徴主義から構造主義へ——文学的伝統のなかのレヴィ=ストロース』ハーパー・トーチブックス、一九七二年
ハーマン『美学綱要』(S・A・ヨルゲンセンによる注釈版) レクラム文庫、一九六八年
フレイザー『金枝篇』全五冊(永橋卓介訳) 岩波文庫、一九六六—六七年
レヴィ-ストロース『今日のトーテミスム』(仲沢紀雄訳) みすず書房、一九七〇年

あとがき

本書は、もと「精神史発掘」シリーズの一冊として、カロリング朝にはじまるヨーロッパ精神史について書く企画が発端となって出来たものです。そのお約束を岩波書店編集部の中川和夫さんと交してから、いろいろな事情もあったのですが、何よりもテーマそのもののむずかしさから遅延に遅延を重ねて、結局シリーズとは独立にこのような形で出していただくことになりました。まず最初に中川さんと(そんな奇特な方があるとして)長く待ってくださった読者の方々に遅延のお詫びを申し上げなければなりません。

この間、それでもなんとかまとめようと心がけてはいたのですが、メモやノートの類がいたずらに溜まるばかりで、一向に先が開けてくる気配がありません。そこで、たまたま勤めていた大学で定年退職前の最後の年にあたる一九九五年、思い立って、「ヨーロッパ世界の哲学」という題目のもとに、ともかくも二五回の講義を行なってみました。わたくしとしては、これをドラフトとしてあらためて想を練るつもりでいたのですが、いっそそのまま即興調も残して本にしてみては、という中川さんのありがたいお誘いに乗って出来上がったのが本書です。

そんな次第で、ご覧のとおり、講義調を残し、かなり気ままに材料を選んでの「かたり」であり、細部の仕上げや、まして網羅的な通史を書くことなどははじめから断念しています。わたくしとしては、ＥＵも発足し、また「知の組み替え」などということがくり返し声高に叫ばれる今日ただいまの研究状況のなかで、それに見合ったヨーロッパ精神史のあらたな枠組みの何ほどかを暗示し、将来あらわれるべきスタンダードな叙述のためのドラフトの二、三の断片を提示できていれば、まずは以て瞑すべしなのです。

文中の引用について、既訳のあるものはつとめて参照させていただきました。引用の文脈にしたがって多少手を加えた場合が多く、最終責任は当然わたくしにありますが、一国の文化的蓄積に資するところ多い先達のご労作の数々に敬意を表し、学恩にたいしてここにあつくお礼を申し上げます。

本づくりの作業は、おなじ岩波書店編集部の星野紘一郎さんが担当してくださいました。熱意と共感をもってことに当たっていただき、つくづく著者冥利につきることでした。あつくお礼を申し上げます。

一九九七年四月

坂部　恵

■岩波オンデマンドブックス■

ヨーロッパ精神史入門
——カロリング・ルネサンスの残光

1997年5月16日　第1刷発行
2012年10月23日　人文書セレクション版発行
2015年8月11日　オンデマンド版発行

著　者　坂《さか》部《べ》 恵《めぐみ》

発行者　岡本　厚

発行所　株式会社　岩波書店
〒101-8002 東京都千代田区一ツ橋2-5-5
電話案内 03-5210-4000
http://www.iwanami.co.jp/

印刷／製本・法令印刷

ISBN 978-4-00-730263-3　Printed in Japan